一度は訪ねてみたい

日本の水と土

先人達が築いた農の礎

Agricultural legacy in the Japanese Countryside

はじめに

　私たちの命を育む食べ物は、水、土、人と技術が一体となった農の営みによって生み出されます。

　水は生命の源であり、人は水なしに生きていくことができません。水はまた、経済社会活動を発展させていくうえで不可欠な資源です。わが国は湿潤多雨な気候に恵まれ、年間約 6,400 億トンの降水量があり、蒸発散を考慮すると約 4,100 億トンが最大限利用可能な降水量とされています。

　しかし、近代明治政府のお雇い外国人技師であるデレーケが「日本の河川は滝のようだ」と言ったように、日本の河川は急峻な地形を上から下へ一挙に流れ去り、生活用水や工業用水は本来利用可能な水の約 20 パーセントが使われているに過ぎません。そのうち 3 分の 2 に当たる約 544 億トンが農業用水として使われていますが、先人達は限られた水資源を有効に活用するため、古来よりため池や堰を造り、山麓を縫って延々と田や畑に水を引いてきました。

　土は岩石の風化、動物や植物の有機物が腐敗・分解してできたものです。その土は深さわずか 1 センチメートルが堆積するのに、100 年から1000 年も要するといわれています。農業生産には、水田で 20 センチメートル、根菜類の畑で数十センチメートル、果樹では 60 センチメートル程度の土が必要ですが、地球の半径 6,400 キロメートルに比して考えてみれば、ほんのわずかな数字でしかありません。その 1 メートルにも満たない地球の表層で食べ物が作られ、70 億人の人類は養われているのです。人間が酸素呼吸している皮膚なしに生き続けられないように、われわれ人類も、このかけがえのない表層の土なくして食料を得ることもできず、生き延びることができないのです。

　農（agriculture）とは、土を耕す、耕す文化のことです。農という漢字は貝が 2 つと振の部首を除いた辰から成り立っています。棒に蔓で貝を向かい合わせて結わえ、人が土に突き刺し、手で上下に振ることを示しているとの説があります。すなわち農とは"土を耕す"ことを意味

しています。このように漢字と英語の語源は奇しくも同じ意であり、古今東西の耕す営みの尊さを物語っているように思われてなりません。

　古来、耕作に汗した人々は、谷や窪地に土を盛って水をため、川に石や木で井堰を造り、取水に心を砕いてきました。取り入れ口から、田や畑に水を引くため石をうがち延々と水路を掘ったのです。冷たい水で生育が悪くなる冷温障害を避けるため、春先の雪解け水の温度を上げる温水池まで考え出しました。

　農地は、木を切り倒し、土を削ったり盛ったりして造成し、さらに山の麓から頂きに向かって切り拓いていきました。こうして生まれたのが棚田や段畑です。それはまた「耕して天に至る」と形容される農地利用の究極の姿でもありました。

　地域の指導者、篤農家などは、いつの時代も最先端の技術を駆使しながら、豊かな暮らしを目指しました。このような過程を経て造成された井堰、ため池、疏水や棚田、段畑はかつてどこにでも存在した日本の原風景であり、今もなお、その機能美ゆえに美しく、訪ねる人を魅了しています。民俗学者の宮本常一は「人手の加わらない自然は、それがどれほど雄大であっても寂しいものである。しかし人手の加わった自然には、どこか温かさがあり、懐かしさがある」と言っています。

　水不足に陥った際、集落に均等に水を分配する叡智を結集し、干ばつに見舞われた土地を救った分水工（写真）などに見られる高度な技術は、現代の土地改良技術と比較しても遜色のないものであり、今に語り継がれ後世にも伝えるべきものです。

　わが国の人口は、2010 年の 1 億 2,800 万人をピークに減少局面に入っています。とりわけ農山漁村では過疎化・高齢化が急速に進行し、農林漁業を中心とする経済や地域コミュニティの活力低下が大きな社会問題となっています。

　このような中で、近年一筋の光明が見えてきました。それは農山漁村の豊かな自然や歴史や

文化に興味を持つ都市住民や外国人が増えてきたことです。特に極東に位置し、四季に恵まれたわが国に、関心や興味を寄せる外国人旅行者が増えてきていることは特筆すべきことです。2018年のインバウンドは3,000万人を超えました。政府は2020年のインバウンド目標数を4,000万人に倍増させ、2030年までに6,000万人とするとしています。

インバウンドの関心は東京、京都、大阪などの大都市圏や定番の観光地のみならず、飛騨高山、金沢、佐賀といった地方都市にも向いています。はるばる日本の地方に足を運ぶ海外の人々は、美しい田園風景、餅つきや祭りなどの伝統行事や地域の人々との触れあいを求めています。さらに農家に泊まり、料理を一緒に作り味わう、田植えや稲刈り、果樹をはじめ農作業を手伝うなど農村の生活を実体験してみたいという外国人も増えてきています。このような未知の日本、農村を発見したいという好奇心や願望はとどまるところを知りません。

大小1,004枚もの水田が並び海と棚田の織りなすコントラストが美しい白米千枚田（石川県）や、名画のモチーフとなり鏡のような湖面に木々が映り込む御射鹿池（長野県）などの棚田やため池が、大手旅行会社の観光コースに組み込まれ、国内外の観光客に好評を博しているのも、日本人が育んできた神秘的な農の営みが人々の心を打つからに違いありません。

一般財団法人日本水土総合研究所は設立以来40年、農業・農村の基礎をなし国土の基盤である「水と土」に関する調査研究を通じて農業農村の振興を推進していくことを使命としています。上記のような背景を踏まえ、調査研究活動の一環として2018年2月には『一度は訪ねてみたい日本の原風景』を発刊しました。その狙いは、全国の疏水、棚田、段畑の中から80地区を取り上げ、人・水・土が織りなす「農」「景観」「歴史・文化」「技術」「食」「暮らし」に関わる農村の総合的な魅力を発信していくことでありました。

その後、令和の時代になり、まだまだ伸びるインバウンドに呼応して、再び埋もれ隠れている「水と土」というお宝を掘り出し、新たな光を当てるべく、続編を刊行する運びとなりました。

本書は、①明治、大正、昭和の各時代に農業の発展に資した近代農業遺産ともいうべき疏水、ダム、ため池　②先人達が切り拓き、当時画期的であっただけではなく昭和のほ場整備に大きな影響を与えた明治以前の耕地整理や条里制水田　③クリーク（溝、水路）を利用したかんがい、輪中地帯で周囲の地盤を掘り下げてその土で盛った水田（堀田）など地域独自の優れた技術　④大震災に見舞われた農地の復旧、復興に焦点を当て、『一度は訪ねてみたい日本の水と土〜先人達が築いた農の礎〜』を書名といたしました。近代国家建設のための農の礎となり、文化財かつ観光資源として価値ある農業水利施設や農地のほか、大地震により被災した農家がたくましく生き未来に向かって営農にいそしむ農家の姿なども紹介します。

取りまとめに当たり、青木辰司東洋大学社会学部名誉教授、齋藤充利（株）農協観光地域交流推進室長、豊田裕道東京農業大学地域環境科学部客員教授から貴重なご意見・ご助言をいただきました。関係市町村、土地改良区の方々からも取材、編集に際して全面的なご賛同・ご協力をいただき、広範な情報・資料・写真の提供をいただきました。ここに厚くお礼申し上げます。

第2弾となる本書の刊行がさらなる契機となって、少しでも多くの方々に興味を持っていただき、国内はもとより訪日外国人も含めた多くの方が農村地域を訪れることを切に願っています。

令和2年3月

一般財団法人日本水土総合研究所
理事長　齋藤晴美

ベストシーズンに行きたい水と土の農業遺産

普段何気なく目にしている用水やダム、ため池、棚田、段畑、橋などの多くは、農業のために造られ、何世代にもわたって受け継がれている。その一つひとつが四季のある日本固有の自然環境や地域の営みと深く関わり、私たちの暮らしを陰で支えている。そんな先人たちのロマンが詰まった農業遺産を訪ねてみたい。

春

肉子田丸橋（愛媛県喜多郡内子町）

大淵笹場（静岡県富士市）

夏

大野庄用水（石川県金沢市）

明正井路第一拱石橋（大分県竹田市）

秋

南伊奈ヶ湖（山梨県南アルプス市）

山古志地区（新潟県長岡市）

6

梨子ケ平千枚田（福井県丹生郡越前町）

冬

南湖（福島県白河市）

■ 本書の趣旨と掲載事例選定の視点

農村にはまだまだ隠れた資産が埋もれている。日常に溶け込んでいるが故に、これまで注目されず、疏水や水田、畑に関わる技術の粋や先人たちの知恵や工夫、大地を切り拓いてきた汗や血のにじむ壮絶な営みなどが明らかにされてこなかったからである。そうした営みの地は水と土に生きる人々の荒々しい息づかいが今もなお聞こえることを広くお伝えしたい。

本書は平成に引き続き、令和の時代の新たな光を日本の多彩な農業資産に当てていく。国内外の観光客にその魅力を発信し、訪日外国人、国内観光者の増加と消費拡大、さらに地方の活性化を期待して、農村へ誘うことを目的とする。

選定の基本的な考え方は、以下のとおりである（図1）。

図1『一度は訪ねてみたい日本の水と土』概念図

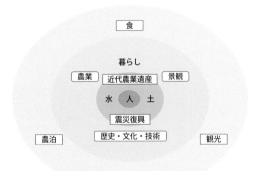

■選定の視点

① 持続可能で特色ある農業の営み

農地、水、人、技術の4要素がうまく機能することによって農が営まれ、食料を安定的に供給し続けることができる。とりわけ、自然資本でもあり社会資本でもある農地と水は、日本の農、食と食文化を支えてきた基盤であり、安全でおいしいと消費者に喜ばれる農産物を提供している。こうした視点を前提に、地域資源を有効に活用し、特色ある農業を通じて、持続可能な農村社会の形成に貢献している点に着目した。

② 近代農業の礎（近代農業遺産）

近代国家の礎となった水と土の農業遺産の多くは江戸時代に手がけられ、明治時代から現代まで脈々と受け継がれてきている。幕末に行われた耕地整理は、明治になって全国各地で普及した。さらに、殖産興業の一環として取り組まれた農業は、農地の拡大と水路の開削、整備によって発展した。こうしたプロセスの中で、石・レンガ積みのダム、三和土（たたき）の樋門、土や石のため池や水路などが造成され、農業の生産性向上に大きく貢献した点を強調する。

（近代国家として初の農業用ダム、ため池、干拓施設、樋門、温水路、揚水ポンプ、耕地整理、試験田）

③ 感動的で記憶に残る景観

建造された時代ごとの技術の粋を集めた水利施設には、いずれも機能美があり、感動的な景観を形成している。レンガや割石をアーチ状や流線型、あるいは垂直に積み上げた水利施設などがこれに当たる。

水と土が創り出した美しい景観を眺めて、当時の農家や技術者に思いを馳せることができる農業遺産に光を当てた。

（石の水路橋、レンガの樋門、ダム、木橋）

④ 震災からの復旧・復興

平成の時代は、これまで経験したことのない未曾有の大震災に見舞われた時代といえる。

被災した現地を訪ね、震災の状況を聞き取ることで、私たちは改めて防災の重要性を知ることができる。加えて、災害から立ち上がった農家の姿は力強く、その雄々しい生き方は私たちに勇気と希望を与えてくれる。これにより、食のありがたさを痛感するとともに、復興した被災地の農に対する熱い想いに触れたい。

⑤ 興味を引きつける歴史、文化と技術

[歴史]

律令に記された1000年以上の歴史を有する水田は、今もその痕跡を留め、そこではいにしえの風に接することができる。大規模な水利施設や水田・畑は、その土地、その土地の農業の発展や地域の活性化への貢献によって人々から愛されており、その傍らに開発に関わる歴史的な資料、遺物や石碑などが散見されることが興味深い。

（弥生時代の水田遺跡、条里制水田、牧畑）

[文化]

田植え前の豊作祈願や収穫に対する感謝の念は、地域の祭りや舞踊などの伝統文化として続いてきた。地元の神々にコメやモチをお供えするため、特別な稲作が何百年にもわたって続けられてきた文化性に光を当てた。

（車田、供田）

[技術]

水が少ない土地では、川を柴で堰き止めて水を確保し、傾斜が急な土地では地下水路を人力でくり抜き、各集落に分水する、あるいは石垣を高く積んで水田を造成するなど高度な技術によって、今なお営農が続けられている。これら古今の技術も明らかにしたい。

（まんぼ、柴堰、分水工、クリーク、堀田、棚田）

⑥ 地域独自の郷土料理、地域の食材を提供する農家レストラン、ファーマーズマーケット

農家レストランや農家民宿で地域の食材を活かした料理に舌鼓を打ち、食材の栽培や調理方法の話に花を咲かせる食の丸ごと体験に人々を誘い、ふるさとの水と土に物語を広めたい。

道の駅や朝市などのファーマーズマーケットで新鮮な野菜や果物、手作りの加工品を購入できる施設も紹介する。

⑦ 訪問者の関心を引く農家民宿や農業体験

農家や民宿に泊まり、農家や地域の人々の日々の暮らしに触れ、交流を深める農業体験のモデルを紹介する。棚田での田植えや稲刈り、果物の収穫、土にまみれてカエルやドジョウ、トンボなどの生き物に触れる体験は魅力的だ。

⑧ 近傍の観光スポットとの
　周遊ルートの形成

　有名な観光地の近傍の水田、畑や疏水は、地域の安らぎや憩いの場となっており、周遊コースにも組み込まれている。

『一度は訪ねてみたい 日本の原風景』との大きな相違点

　本書では、明治、大正、昭和の各時代に、農業の発展に資した近代農業遺産ともいうべき疏水、ダム、ため池などの構造物に焦点を当てている。特に近代国家建設の礎となり、文化財かつ観光資源として価値のある農業水利施設を取り上げる。

　先人達が切り拓き、当時、画期的であっただけでなく、昭和のほ場整備に大きな影響を与えた耕地整理を取り上げたほか、クリーク（溝渠、水路）を利用したかんがい、輪中地帯で地盤を掘り下げその土を盛った水田（堀田）など地域独自の優れた技術の見直しに意を注いだ。

　大震災に見舞われた農家が被災農地を復旧させ、見事に復興を成し遂げた過程を紹介し、未来に向かって営農にいそしむ日本のりりしい農家の姿も紹介する。

時代とともに歩む水と土
―歴史的な視点から、震災復興を取り上げる―

■水と土の変遷

　わが国の水と土に関わる歴史的な変革は、大きく①古代条里制、②鎌倉時代の二毛作の普及、③戦国時代から江戸時代初期の新田開発、④明治時代の士族授産や殖産興業のための開拓、疏水、耕地整理 に分類される。ここに挙げた4つの時代は、いずれも国家として土地制度の確立や食料増産に努めた時期である。結果として、農地は飛躍的に拡大し、コメをはじめとする農産物の生産量が大きく伸び、それに伴い人口も大幅に増加した。

　今の日本の水と土は、江戸時代末から明治時代にあらかた骨格が造られている。昭和の時代に低平地、湿地や沼地などの大規模な開発や丘陵地の開墾が行われ、肉付けされたと言えよう。わが国の主立った穀倉地帯はこのときまでにほぼ形成されたと言っていい。

　特に注目すべき時代は、江戸時代末から明治時代にかけてである。明治初期の農地面積は約300万ヘクタール、同5（1872）年の人口は3,311万人、昭和36（1961）年には農地面積609万ヘクタールと最大面積に達し［平成29（2017）年444万ヘクタール］、平成20（2008）年には人口が1億2,808万人とピークを迎えた。この間、農地面積は約2倍に増えたのに対し、人口は3倍

図2 人口と耕地面積の変遷

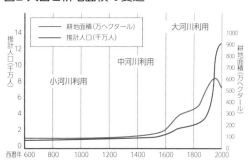

「大地への刻印」公共事業通信社（農業土木歴史研究会編著）を加筆修正

以上に増えている(図2)。これは明らかに営農技術の向上とともに農地の拡大が食料の供給、人口の扶養につながったことを示している。このような観点から、人と水と土が織りなし、現在へとつながる近代農業遺産の礎や技術の粋を食文化や景観などにも絡めて振り返り(図3、表1)、現地を訪ねることは興味深く、訪日外国人や国内観光客にとっても魅力的である。

図3 水と土の変遷−時代とともに−

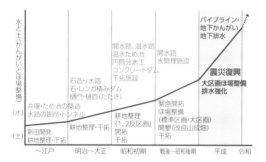

表1 水と土に係る技術

時代	水(かんがい)	土(水田・畑の開発)
～江戸	井堰・ため池の築造 水路の掘削・トンネル	新田開発・耕地整理・干拓
明治～大正	石造り水路 石・レンガ積みダム 樋門・樋管(たたき)	耕地整理・干拓
昭和初期	開水路・温水路 温水ため池 円筒分水工 コンクリートダム 干拓施設	耕地整理 (1、2反区画) 開拓 干拓
戦後～昭和後期	開水路・水管理施設	緊急開拓 ほ場整備 (標準区画・大区画) 開墾(改良山成畑)・ 干拓
平成～令和	パイプライン・地下かんがい・地下排水	大区画ほ場整備・排水強化

※青字部分は選定地区に掲載

■江戸時代末まで

　主な開発は、新田開発と井堰・水路の整備である。原野や湿地を切り拓くとともに新たに水を引いた。西日本の海沿いの低平地、たとえば尾張平野や瀬戸内の平野はこの頃までに大きく開発されている。

　井堰は石を積み上げ、川の水位を堰き上げる構造物である。水路は岩を人力で掘り込み、時にはくり抜き、未開の地に水路トンネルを通した。そこには人々の大地に対する刻印が残り、今なおコメに対する熱い想いが伝わってくる。

■明治から大正時代へ

　明治政府は近代国家の建設を目指して財政基盤を確立するため、明治5(1872)年に地租改正を行った。それまでの石高に応じた現物による課税は、金納に変わった。それに対応してコメの収量を少しでも上げるため、篤農家が中心となって土地の区画を整形する田区改正を行った。やがてこれは耕地整理につながり、明治時代を代表する土地改良事業となった。具体的には、牛馬を使った耕作や乾田化を進めるため、ほ場の区画整理と用水路、排水路と農道の整備を行い、新田開発も積極的に行っている。

　あわせて、近代土木技術を駆使してかんがい用水を取水・導水した。たとえばレンガや石積みの工法などである。レンガは西洋諸国から焼成方法を導入し、石積みは江戸時代からの技術を引き継いでさらに改良され、水量は大きく、長距離でかつ谷を渡る水路の建設が可能となった。さらに赤土や砂利などに消石灰などを混ぜた日本独自の材料である三和土(たたき)は民家の床下の土間などに使われていたが、これに

工夫を加え水密性が求められる樋門・桶管などに利用した。

■昭和の初めから戦前

耕地整理は引き続き行われたが、同時代の特徴は開墾、干拓、埋め立てである。藩政時代から引き続き行われ、新規に取り組んだところもある。

かんがいは質、量とも改良された。東日本や山間地域では雪解け水を使うため、低温により稲作の生育に障害を来す。そこで水路幅を広げ、ため池の表面積を大きくすることで多くの太陽熱を集め水温を上げた（温水路、温水ため池）。水争いを避けるため、水が公平に分配されることが一目で分かる施設（分水工）も取り入れた。

この頃に築き上げたコンクリートダム、岩と土でできたダム（ロックフィルダム）、レンガや石積みのため池などは近代土地改良技術を駆使して造成され、多くの農地を潤した。

■戦後

食料不足を解消するため、緊急的に農地を開墾した。それは昭和40年代半ばまで続き、高度経済成長期には、都市と農村の所得格差を是正するため、農業機械の導入を前提にほ場整備を行った。その後、耕耘機、田植機やコンバインなどの台数が飛躍的に伸び、農業生産性、とりわけ労働生産性の向上に大きく貢献した。同時に野菜や果樹の振興を目指して、畑地の整備を行った。

かんがい分野では、水源を確保し末端のほ場にまで水が行き渡るような水管理システムを整備した。畑作物や果樹にかんがいするようになったのもこの頃である。

■平成

ほ場は昭和30年代後半に定めた30アールが標準区画であったが、平成になると1ヘクタール、2ヘクタールなどの大区画ほ場が出現して、担い手に農地を集積するようになった。

パイプラインシステムが導入され、各ほ場の水需要に対応した水管理が可能になり、さまざまな省力化が図られるようになった。

■震災復旧・復興
―新時代のモデルとして大きく飛躍―

平成は災害の時代でもあった。たとえば、平成7（1995）年の兵庫県南部を震源とし農地が断層帯により引き裂かれた兵庫県南部地震に伴う阪神・淡路大震災、平成16（2004）年の新潟県中越地方の直下型地震により農地が地すべりを起こした新潟県中越地震、平成23（2011）年の三陸沖の太平洋を震源とする東北地方太平洋沖地震によって引き起こされた東日本大震災などがある。

特に東日本大震災では、耕土や畦畔が津波に押し流されて海に流出し、約2万ヘクタールの水田が塩水に浸かった。ここから、農家は2ヘクタールの大区画ほ場を整備し、地下かんがい・地下排水などの先端技術を取り入れ、大規模法人を組織化した。こうした動きは東北ばかりでなく、断層破壊を乗り越えた兵庫県北淡路や地すべりを克服した新潟県中越も同様である。

これらの地区の農業は、震災を契機に復興を起爆剤として、地域農業のあり方を真摯に考え、自ら行動して発展してきた。それは従来の土地改良事業の延長線上にあるのではなく、殻を突き破り新たなダイナミズムを感じさせる。

言い換えれば、平成の次の時代、即ち令和の時代に大きく飛躍する、次世代型農業のモデルと言っても過言ではない。

日本人には復元力がある

わが国において2000年以上もの間、水田稲作をはじめとする農業が営々と続けてこられたのは、農家のたゆまぬ努力と水と土に対するあくなき働きかけの結果である。

原野に鍬を打ち下ろす。辺りを耕し尽くすと、それはやがて天に至る。石を積み上げ土を均して、空高く農地を切り拓いていく。険しい山にそそり立ち、しかも屏風のように広がる棚田や段畑は、農家の血と汗の結晶である。

国土は必ずしも農業に適しているとは言い切れない。稲作は年に1回しかできないからだ。一方、湿潤熱帯モンスーン地帯にある東南アジアでは今なお天水農業が中心であり、水さえあれば2期作、3期作が可能である。コメの輸出大国であるタイでさえ、かんがい率は30パーセントに及ばない。温帯にあるわが国も稲作を続けてきたが、冷害や病虫害に見舞われながらも、1年に1回だけ収穫するためにため池を造り、山腹水路を掘って水を引くなどさまざまな工夫をしてきた。

そのような中で、農家はくまなく農地を拓き、深く耕し、肥料を入れ土地の生産性向上を目指してきた。あわせて農地の区画整理を行い、牛馬や農業機械を利用して労働の生産性向上を図ってきた。1戸当たりの耕作面積がほかの国と比べて小さいというハンディはありながらも、日本の農業生産性はかなり高い。そこに

は人知が集積している。

一方、わが国は環太平洋のプレートに囲まれており、莫大なエネルギーを持つ火山活動により、たびたび巨大地震に見舞われる。同時に湿潤熱帯モンスーン気候が大量の雨をもたらす台風の常襲地帯でもある。日本人はいわば、災害列島に住まなければならないという宿命にある。

この小さな島国で、人々は有史以来、水と土に働きかけ、生産性の高い豊かな農業を目指してきた。災害からは逃れることができない。災害に見舞われても敢然と立ち向かい、たくましく生きていく。やがて復旧を契機に大規模な、新たな高い生産性の農業に取り組んでいく。

かくも日本人には、困難な状況にあっても水と土という限られた地域資源を最大限活かしながら、しなやかに適応して生きる回復力、復元力(レジリエンス)がある。それが日本人と言ってもよい。

これは世界にアピールすべき、誇るべき国民性であり資質でもある。本書を読まれた皆さんには、一度、農村に足を運び、同じ土地で何世紀にもわたって耕す姿や震災から復興した大地を見つめ、今を生きる人々の話に耳を傾けていただきたい。訪日外国人にとっても見るもの、学ぶべきものがたくさんある。そこには大地に刻まれた歴史と未来の農業が待っている。

選定にご協力いただいた方々

青木 辰司　東洋大学社会学部名誉教授

齋藤 充利　(株)農協観光地域交流推進室長

豊田 裕道　東京農業大学
　　　　　　地域環境科学部客員教授

目　次

疏　水

先人たちの英知と勇気、情熱の結晶
疏水はいつも人々の生活の場にあった

権現堂川用水路樋管／埼玉県幸手市

区分	名称	ポイント	エリア名	ページ
🌸	美幌温水溜池	水深の浅い貯水池は水温を高め 多様な生物が生息するビオトープ	北海道 網走郡美幌町	22
🌸	上郷の温水路群	冷水害対策として考案された 日本で初めての温水路群	秋田県にかほ市	24
🌸	十石堀	農民の困窮を見かねた庄屋が 命をかけて開削した用水路	茨城県北茨城市	26
🌸	村山六ヶ村堰	千年以上にわたって地域を潤し 豊穣の地を守り続ける疏水	山梨県北杜市	28
🌸	西野谷用水路	新潟県砂防発祥の地に造られた 治水とかんがい機能を一体化した利水施設	新潟県妙高市	30
🌸	大野庄用水	藩政時代の面影を残し 風情ある金沢の景観を創る用水	石川県金沢市	32
🌸	南家城川口井水	家城ラインの渓谷美を背景に 農業・生活・防火を担う地域用水	三重県津市	34
🍁	馬場楠井手の鼻ぐり	渦巻く水流で土砂を排出する 他に例を見ない独創的工法	熊本県 菊池郡菊陽町	36
🌸	疣岩分水工	水を公平に分配し、争いをなくした 宮城県初の分水工	宮城県 刈田郡蔵王町	38
🍁	長野堰用水円筒分水堰	一目で公平と分かる分水能力で 地域の水争いに終止符を打った堰	群馬県高崎市	40
🌸	西天竜幹線水路円筒分水工群	地域の水争いを解決した 日本最大級の円筒分水工群	長野県伊那市・上伊那郡 辰野町・箕輪町・南箕輪村	42
🌸	片樋のまんぼ	二人の庄屋が私財をなげうった 日本で最大級の地下水集水方式の横井戸	三重県いなべ市	44

🌸：訪日外国人客（インバウンド）の関心にも応え、国際的な価値が認められる。

🍁：国内観光資源として魅力が高い。　　🌸：水と土に関わる歴史的・文化価値が高い。

14

ため池・ダム

いぶし銀の佇まいを持つ
水源地に隠された歴史秘話

江畑溜池堰堤／山口県山口市

✿：訪日外国人客（インバウンド）の関心にも応え、国際的な価値が認められる。
✿：国内観光資源として魅力が高い。　❀：水と土に関わる歴史的・文化価値が高い。

棚田・水田遺跡 136

田植えは神仏に豊穣を祈る儀式
日本人の心性を次代に引き継ぐ水田

東大寺二月堂供田／奈良県奈良市

段畑 · · · · · · · · · · · · · · · · · · · 166

斜面に広がる美しい幾何学模様
ブランド維持にかける農家の矜持

八女中央大茶園／福岡県八女市

橋 · · · · · · · · · · · · · · · · · · · 178

農地に通うための橋が
今は人をつなぐ土地のシンボルに

蓬莱橋／静岡県島田市

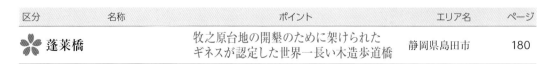

✿：訪日外国人客（インバウンド）の関心にも応え、国際的な価値が認められる。
🍁：国内観光資源として魅力が高い。　　✽：水と土に関わる歴史的・文化価値が高い。

農家の気骨と雄々しさを力に
被災地の農地は生き返った

仙台東地区／宮城県仙台市

疏水

「疏水」は農地に水を届けるため、先人たちが英知と勇気、情熱を注いで造り出した用水路である。営農に欠かせないインフラとしてはもとより、日々の暮らしの折々の場面に疏水のある風景が刻み込まれている人も少なくないだろう。そんな疏水の遺構の一つ、埼玉県の権現堂川用水路樋管を取材した。

権現堂川用水路樋管（ごんげんどうがわようすいろひかん）／埼玉県幸手市　（本文68頁掲載）

農業遺産がひっそりとたたずむ
エリア一帯が
ボランティアの奮闘で
四季折々の花の名所に

　権現堂川用水路樋管は、明治38（1905）年にレンガ造りに改築された「新圦（しんいり）」、昭和8（1933）年にコンクリートで築造された「順礼樋管」などから構成される。どちらも既に役目を終え、旧権現堂川に沿って築かれた堤を含めて整備された権現堂公園（4号公園）の中で、明治から昭和にかけて地域の農地を潤してきた農業遺産として、ウォーキングや花見に訪れる人々を静かに見守っている。

　ちなみに順礼樋管の名は、享和2（1802）年、長雨により決壊した堤を修復しようとしていた

人々が、激しい濁流で工事ができず困っていた際、順礼の途中に通りかかった母娘が川に身を投じて水を鎮めたという逸話に由来する。

　そんな歴史とは別に、地元の子どもたちにとっては起伏に富み、自然豊かなこの場所は格好の遊び場だったようだ。「小さい頃は、よく順礼樋管から飛び込んで遊びましたよ。水がとってもきれいで、ウナギやドジョウなんかを素手で捕まえたもんです。小学校のときは遠足に来ましたし、中学校のマラソン大会もここを走りました。高校時代は桜まつりで友人とバンドを組んで演奏したこともありましたね」。地元出身の並木克己さんはそう思い出を語る。

　このように子どもの頃にこの堤を遊び場としていた地域の人々が集い、平成8（1996）年に結成されたのが、並木さんが理事長を務める幸手権現堂桜堤保存会〔平成17（2005）年に

20

幸手市内の小学生が毎年、権現堂公園の歴史を学び、魚の放流も行っている

順礼樋管の名前の由来となった
順礼親子が描かれた順礼の碑

先人たちの英知と勇気、情熱の結晶
疏水はいつも人々の生活の場にあった

「四季折々の花が来園者を魅了しています」と
幸手権現堂桜堤保存会の並木克己理事長

権現堂川用水路樋管が公園の美しい景観を演出

NPO法人に認定〕だ。会の名前からも分かるように、この堤は桜の名所として知られる。もともとは大正時代に桜の苗木が植えられたのが始まりで、戦後、燃料用に伐採されてしまったが、昭和24（1949）年に堤を元の姿に戻したいという地元の有志によって再び桜が植えられた。現在でも1キロメートルにわたる1,000本の桜並木が幸手市民はもちろん、全国から訪れる観光客の目を楽しませている。

とはいえ、堤が美しく彩られるのは桜の時期だけで、散ってしまえば辺りは荒涼となり、訪れる人も減ってしまう。こうした状態に心を痛めた並木さんが「桜以外の季節も花を楽しめるようにして大勢の人に来てもらおう」と取り組んだのがアジサイの植栽で、その後、並木さんの思いに共感した人々が集まって保存会が結成された。今では6月中旬をピークに100種16,000株のアジサイが咲き競うほか、平成12（2000）年からは9月下旬に咲く曼珠沙華（現在までに約500万本）、平成17（2005）年から

は2月上旬に咲く水仙（現在までに約100万本）も植え、今では年間200万人近くが訪れる四季折々の花の名所となっている。

保存会の活動は植栽にとどまらない。観光協会が主催する「桜まつり」の運営に協力するほか、「あじさいまつり」「曼珠沙華まつり」「水仙まつり」を自ら企画、開催し、茶屋も運営する。古い水路を利用して造った人口池は地元の小学生の総合学習にも利用され、ほかにも、階段や遊歩道を整備したり、草刈りや清掃活動に汗を流したりと活動は多岐にわたる。

会員数は発足時の20人から約80人へと増え、年間に半日以上働くボランティアは延べ2,500人にものぼる。生まれ育った地域を大切に思う気持ちと「きれいな花を咲かせてくれてありがとう」という来園者の感謝の言葉を原動力に、保存会の活動はこれからもエネルギッシュに続いていくに違いない。

北海道網走郡美幌町

美幌温水溜池 🌸

水深の浅い貯水池は水温を高め
多様な生物が生息するビオトープ

水稲栽培の安定を目的に造成された美幌温水溜池は、転作でその存続が危ぶまれたが、水辺に貴重な動植物が生息し、自然体験学習の場として異彩を放っている。

農業用水の温度を
16度まで温める

　美幌町の地名の由来は、アイヌ語で「ピ・ポロ」＝「水多く大いなるところ」と言われており、その名が示すとおり町内には大小合わせて60の川が流れ、美幌川は平成14（2002）年度の清流日本一に選ばれている。屈斜路湖にほど

近い美幌峠付近から流れ出す清流であり、この川を取水源とし、昭和45（1970）年に完成したのが美幌温水溜池である。
　この地域は明治38（1905）年に水稲の試作が行われて以来、開田が進められたが、冷涼な気候のため、かんがい期間中の水温が13度と低く、稲の生育不良をたびたび起こしていた。美幌温水溜池では溜池や水路の表面積を広げ水深が浅くなるよう造られた。その結果、太陽熱

美幌温水溜池　北海道網走郡美幌町

で温められたかんがい用水の温度を16度にまで上げることができた。

　地域の水稲農家はひところ、その恩恵を受けたものの、昭和51（1976）年ごろから転作が進んで水稲作付は減り、水田は次第に畑に切り替わり、老朽化する温水溜池の存続について議論がなされることになった。

貴重な生態系を活かした自然体験学習の場

　現在は畑の病害虫防除用水や転作畑のビニールハウス内のかんがい用水として使われる一方、ため池とその周辺には数多くの鳥類や水生動植物、昆虫などが生息するビオトープ空間として維持されている。アカメイトトンボ、ヤチウグイなどの希少種も確認されており、貴重な生態系を生かした子どもたちの自然体験学習の場として活用されている。そのきっかけとなったのは平成12（2000）年に実施された「田んぼの学校」だった。「オホーツク自然と農業を共生させる会」が日本最東端の田んぼの学校として、農業体験実習に温水溜池の自然環境学習を

加えた複合型田んぼの学校を提案し金賞を獲得したのだった。それらが評価され、北海道唯一農林水産省の「ため池百選」に選定された。

自然に包まれた美幌温水溜池ではカヌー遊びをする人々の姿も見られる

ACCESS
🚗 JR石北本線美幌駅から車で15分

オススメ周辺情報

美幌峠

雲海の絶景を堪能できる

天気がよければ展望台から世界第2位のカルデラ湖・屈斜路湖を見渡せる。近年は雲海の絶景スポットとして年間70万人が訪れ、特に朝日がオレンジ色に染める雲海は圧巻。

DATA ☎0152-75-0700（道の駅ぐるっとパノラマ美幌峠）営9:00～18:00（11～4月は～17:00）所北海道網走郡美幌町 交JR美幌駅から車で30分 Pあり MAP P205 B-1

国道243号沿いの白樺並木

ドライブで通り抜けたい

美幌市街地から美幌峠に向かう国道243号沿いに連なる約1,500本の白樺並木は、地元でも人気のビュースポット。新緑が美しい春と厳冬期に見られる幻想的な白樺樹氷もおすすめ。

DATA ☎0152-73-1111（美幌町商工観光グループ）所北海道網走郡美幌町 交JR美幌駅から車で20分 MAP P23

美幌博物館

美幌町の変遷が分かる

町の成り立ちから暮らし、地域ゆかりの美術など美幌町の歴史や風土を知ることができる。美幌温水溜池のジオラマや季節の写真などが展示され、農業や自然との関わりも学べる。

DATA ☎0152-72-2160 営9:30～17:00 料300円、高校生以下無料 所北海道網走郡美幌町美禽253-4 交JR美幌駅から車で5分 MAP P23

秋田県にかほ市

_{かみごう}
上郷の温水路群 🌸

冷水害対策として考案された
日本で初めての温水路群

鳥海山の北西山麓を緩やかに流れる、浅くて幅の広い5本の水路。水面を照らす太陽の熱と、数多い段差で流れに混ざる温かな空気が、冷たい雪解け水を温める。

太陽熱と空気で水を温め
稲作の増収に大きな効果

　鳥海山麓の標高100〜250メートル付近に位置するこの地域では、古くから雪解け水と湧き水で稲作が営まれてきた。しかし、水温が夏でも10度前後と非常に低いため、深刻な冷水害に悩まされ続け、水温を上げるために最上流

の水田を遊水地として犠牲にするなどの対策が取られてきた。昭和初期、上流で水力発電の計画が持ち上がり、水温のさらなる低下が懸念されたため、各集落に補償金が支払われることとなった。各集落が補償金を使った冷水害対策を思案する中、昭和2（1927）年に長岡集落の役員を務める佐々木順治郎が中心となって、日本初の温水路である長岡温水路を完成させた。
　長岡温水路は、浅くて幅の広い水路に緩やか

な傾斜と多数の段差を設けた造りで、水と空気をかき混ぜながらゆっくりと流下することで水温の上昇に大きな効果があった。その効果が立証されると他の集落でも次々と同様の温水路が建設され、昭和35（1960）年までに5本の水路からなる温水路群が整えられた。

先人の知恵と努力を学ぶ
貴重な地域学習の場に

　ブルドーザーなどの建設機械がまだない時代、温水路の整備は各集落から集まった人々の手で行われた。スコップや鍬で掘り起こした土をもっこで運び、コンクリートに使う砂は象潟（きさかた）の浜から冬に馬ソリで運んだ。30年以上かけて完成した温水路群は、総延長6キロメートル、落差工の総数215カ所にも及ぶ。温水路の完成後、水田の整備や栽培技術の進歩も相まって、10アール当たり300キログラムだった収量は600キログラムまで増加した。

　地域に大きな恩恵をもたらした温水路群は近代農業の礎として大切に受け継がれ、親水の場や地域学習の場としても貴重な施設になってい

る。平成21（2009）年、秋田県の有形文化財（建造物）に指定された。

先人が考えた温水路は子どもたちにとって地域学習の場となっている

ACCESS
🚗 日本海沿岸東北自動車道象潟ICから車で7分

オススメ周辺情報

元滝伏流水
（もとたき）

思わず息を呑む美しさ

鳥海山に染み込んだ雨や雪解け水などが長い歳月をかけ、幅30メートル、高さ5メートルの苔むした岩肌から噴き出す。育まれた豊かな苔と水とのコントラストが美しい。

DATA ☎0184-43-6608（にかほ市観光協会）所秋田県にかほ市象潟町関 交JR象潟駅から車で20分 MAP P25

中島台・獅子ヶ鼻湿原
（なかしまだい・ししがはな）

神秘的な自然美に心奪われる

幹回り7.62メートルの日本最大級の異形ブナ「あがりこ大王」や、1本の株から14本の幹が伸びる「あがりこ女王」をシンボルとした異形ブナ群が神秘的な空間を創り出す。

DATA ☎0184-43-6608（にかほ市観光協会）所秋田県にかほ市象潟町横岡中島台国有林内 交JR象潟駅から車で20分 MAP P205 A-3

にかほ市観光拠点センター「にかほっと」

ご当地グルメもおみやげもOK

秋田杉をふんだんに使用した木の温もりに包まれた木造施設で、秋田県内と山形県庄内地域の観光情報を発信している。農林水産物直売所や地域産品を使用した飲食店が立ち並ぶ。

DATA ☎0184-43-6608 営9:00～21:00 休第3水曜（7～9月は営業）所秋田県にかほ市象潟町大塩越36-1 交JR象潟駅から車で5分 Pあり MAP P205 A-3

茨城県北茨城市

<ruby>十石堀<rt>じゅっこくぼり</rt></ruby>

農民の困窮を見かねた庄屋が
命をかけて開削した用水路

十石堀は江戸時代初期、干ばつにあえぐ農民たちが造った用水路だ。自然の地形を巧みに生かした設計で、今も往時の姿のまま、険しい山々の尾根を流れている。

干ばつの地に水を引き
新田開発に大きく貢献

　江戸時代初期、北茨城市南部の高台に位置するこの地域では、川から水を引くことが難しく、天水だけを頼りに米作りが行われていた。度重なる干ばつに農民は困窮しており、庄屋の沼田惣左衛門は見かねて、川の上流から水を引

く用水路の開削を松岡藩に願い出た。山の尾根筋を通る困難な計画であるとの理由で許可を得られなかった沼田惣左衛門は、地元の神社の境内にはりつけ柱を持ち込んで「失敗のときは死をもって償う覚悟である」と命がけの決意を示し、工事の許可を得たと伝えられている。

　寛文9（1669）年、過酷な工事の末に、約13キロメートルの用水路が完成した。水不足の解消に加えて新田の開発にも大きく貢献したこと

から、その功績が認められ、惣左衛門には「主計」の名が与えられた。さらに、褒美として約10石の租税が免除されたことから、この用水は「十石堀」と呼ばれるようになった。

地形を巧みに生かした自然渓谷のような用水路

十石堀の施工には「金堀」と呼ばれる当時最先端の鉱山技術者が従事しており、自然の地形を巧みに生かした水路が築かれた。岩の難所を削った「掘割」はまるで、自然渓谷のようである。完成から350年以上たった現在も、北茨城市中郷町の約78ヘクタールの農地を潤す貴重な水源となっており、大部分で近代的な改良がなされたものの、水源から約2キロメートルの区間では今なお往時の姿を残している。

平成8（1996）年度には親水公園や分水工までの遊歩道が整備され、十石堀の歴史や農業用施設の役割が学べるようになった。遊歩道は木陰が多く夏の森林浴に最適で、水路を流れる水の音が涼しげに響く。春から秋にかけてハイキング客が多く訪れ、ボランティアによる案内や

地域学習、ノルディックウォーキングなどの活動も活発に行われている。

江戸時代に命がけで造られた用水路は、地域学習の学びの場だ

ACCESS
🚗 常磐自動車道北茨城ICから車で10分
🚃 JR常磐線磯原駅から車で13分

オススメ周辺情報

花園牛（はなぞのぎゅう）

食ツウもうなる希少なブランド牛

茨城県北東部にある花園地区周辺で生産されるブランド牛。肉質4等級以上で、さらっとした脂身と品のある口当たりが特徴。牛肉品評会で農林水産大臣賞も受賞している。

🏷DATA 📞0293-42-3421（Aコープいそはら店）所茨城県北茨城市内

自然薯（じねんじょ）

高品質の人工栽培に成功

北茨城自然薯研究会では自然薯の人工栽培を確立し、全国各地から技術指導を依頼されるほど。味やねばりなど野生に負けない品質で、11月ごろから全国に発送している。

🏷DATA 📞0293-42-2408（北茨城自然薯研究会）所茨城県北茨城市内

農家民宿やまがた

農業体験後のどぶろくは格別

農業体験や星空観察ができ、田舎料理と温かいもてなしも評判の宿。北茨城市は関東で初めてどぶろく特区に認定され、この宿では米の甘みを実感できるどぶろくも味わえる。

🏷DATA 📞0293-43-9132 料1泊2食付6,000円／名 所茨城県北茨城市華川町花園362 交JR磯原駅から車で20分 MAP P204 B-2

山梨県北杜市

村山六ヶ村堰

むらやまろっかむらせき

千年以上にわたって地域を潤し
豊穣の地を守り続ける疏水

八ヶ岳南麓に広がる6つの旧村地区を潤す水利施設。開削年代は明らかになっていないが、その歴史は1000年前までさかのぼると伝えられている。

農地と集落を潤し続け
小水力発電にも有効利用

村山六ヶ村堰は、八ヶ岳南麓に位置し、川俣川の上流にある千条の滝や吐竜（どりゅう）の滝を水源とする長さ約16キロメートルの水利施設だ。開削年代は明らかになっていないが、昌泰3（900）年から長保2（1000）年ごろとみ

られ、1000年以上の長きにわたって旧村山北割村、村山西割村、村山東割村、蔵原村、小池村、堤村の6つの村を潤してきた。

江戸時代には地域の発展のために30の集落が自らルールを作り、分担金や管理人などを決めて疏水を運営した。土地の高低差を考慮して水路網が形成されており、急な斜面でも水が緩やかに流れる階段水路を設けるなどの技術的な工夫が見られる。隧道（ずいどう）と呼ばれる

トンネル状の水路や三方水路、11 カ所の分水口も設けられ、約 500 ヘクタールの広大な農地に水を届けている。現在では、かんがい用水や生活用水として使われるほか、新たな活用方法として自然エネルギーである小水力発電にも利用されている。

地域農業の礎として 次世代へ継ぐ取り組みも

1000 年にわたる歴史を持つこの堰は、地域農業の礎としての歴史的・文化的価値や、さまざまな水生生物が生息する豊かな生態系の価値が認められ、平成 18（2006）年に農林水産省の「疏水百選」に認定された。さらに、平成 28（2016）年には国際かんがい排水委員会（ICID）より、歴史的に価値のある農業水利施設として「世界かんがい施設遺産」に選定された。

地域では近年、施設の保全管理や利活用など、次世代への継承に向けた取り組みが盛んに行われている。村山六ヶ村堰周辺は緑豊かな景勝地で、新緑や紅葉の時期には多くの観光客が訪れる。吐竜の滝がある川俣川渓谷沿いの遊歩道や川子石公園はウォーキングコースとして人気が高い。春から夏にかけては小水力発電所の見学（要事前予約）もでき、新たな見どころとなっている。

農業用水以外にも生活用水や小水力発電用水としての役割も果たしている

村山六ヶ村堰　山梨県北杜市

ACCESS
🚗 中央自動車道長坂ICから車で15分

オススメ周辺情報

八ヶ岳高原大橋
（やつがたけこうげんおおはし）

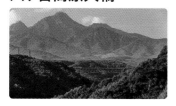

紅葉の渓谷美を堪能できる

川俣川渓谷にかかる高さ100メートル、全長490メートルの「黄色い橋」として親しまれている。天気のいい日には北に八ヶ岳、南に甲斐駒ヶ岳、東南に富士山が眺められる。

DATA　☎0551-30-7866（北杜市観光協会）営散策自由 料無料 所山梨県北杜市高根町東井出 交中央自動車道長坂ICから車で15分 Pあり MAP P204 B-3

吐竜の滝
（どりゅうのたき）

優美な姿に人々が魅了される

落差10メートル、幅15メートルあり、川俣川峡谷の中で最も美しい滝といわれている。岩間から絹糸のように湧水が流れ落ち、名は竜が水を吐くように見えることに由来する。

DATA　☎0551-30-7866（北杜市観光協会）営見学自由 料無料 所山梨県北杜市大泉町西井出 交中央自動車道長坂ICから車で30分 Pあり MAP P204 B-3

道の駅「南きよさと」と南八ヶ岳花の森公園
（みなみやつがたけ）

八ヶ岳の恵みを五感で体感できる

八ヶ岳南麓の新鮮な朝採れ野菜が毎日並び、地元でもリピーターが多い。ケーブルカーで3分で着く南八ヶ岳花の森公園は南アルプスの絶景と農業・果樹の収穫体験ができる。

DATA　☎0551-20-7224 営8:30〜17:00（直売所）、9:30〜16:00（レストラン）所山梨県北杜市高根町長沢760 交中央自動車道長坂ICから車で11分 Pあり MAP P29

新潟県妙高市

西野谷用水路

（にしのや）

新潟県砂防発祥の地に造られた
治水とかんがい機能を一体化した利水施設

西野谷用水路は砂防堰堤と一体的に整備された石積みの趣あるかんがい施設である。水路を流れる水は地域の農地を今も潤し、近年は周辺の草刈りなど住民による保全活動も活発だ。

90年以上たった今も
農業用水として活用

　西野谷用水路は万内川（ばんないがわ）の中流域に位置し、砂防堰堤としての機能を持つ万内川七号堰堤と一体的に築かれた長さ50メートルほどのかんがい取水施設で、大正15（1926）年度に建設された。七号堰堤の上流か

ら取水し、堤体と平行に延びる水路をL字型に曲げ、堤体右翼部の約1メートル幅に割り抜かれた堤体内を導水する石張構造物である。

　建設から90年以上が経過した今も現役で、下流域のかんがい用水として重要な役割を担っている。治水施設と一体化したかんがい取水施設として、平成15（2003）年に国の登録有形文化財に指定された。

極めて精巧な石組み
周囲の自然環境と調和

　万内川に砂防堰堤が築かれるきっかけとなったのは、明治35（1902）年5月に粟立山の東側斜面で発生した大規模な山崩れと、これに伴う土石流だった。土石流に襲われた西野谷集落では住宅約30戸が流失し、一人が亡くなったことから、新潟県内で砂防堰堤の築造に向けた機運が高まり、大正10（1921）年から現在までに18基の堰堤が造られた。ちなみに、万内川石積堰堤群は日本で最初のコンクリートを基盤にした階段式堰堤群である。

　このうち国の登録有形文化財に登録されてい

るのは西野谷用水路を含め11基である。これらは現地産の石を使った石積堰堤だ。石の組み方は極めて精巧で、周囲の自然環境と調和した美しさにも施工技術の高さがうかがえる。

　登録有形文化財となったのを機に遊歩道や案内看板が設置され、万内川の歴史的遺産や周辺環境の保全管理を行う「万内川砂防公園ファン倶楽部」も発足した。同倶楽部には地域住民・NPO団体・民間企業・自治体（県・市）など、52名・10団体の会員が所属し、イベントの開催や草刈り、ゴミ拾い、パネル展示といった保全・啓発活動に力を入れている。

万内川砂防公園ではサマーフェスティバルが開催され、参加者がニジマスつかみどりに挑戦

ACCESS

🚗 上信越自動車道新井スマートICから車で15分

オススメ周辺情報

笹ヶ峰高原
（ささがみね）

心も体も喜ぶ森林セラピーロード

標高1,300メートルに広がる高原で、ブナやカラマツ、ミズナラなどの豊かな原生林に囲まれた中でトレッキングを楽しめる。牧場内には名水百選「宇棚の清水」もある。

DATA ☎0255-86-3911（妙高市観光協会）所新潟県妙高市笹ヶ峰高原 交上信越自動車道妙高高原ICから車で40分 Pあり MAP P204 A-2

ロッテアライリゾート

豊かな自然の中でレジャーを満喫

アジア最長1,501メートルのジップツアーをはじめ各種アクティビティや国内最大積雪量とパウダースノーを誇るスキー場など、年間を通じて楽しめるプレミアムリゾート施設。

DATA ☎0255-75-1100 営[星空温泉]13:00～23:00（土・日曜は6:30～）料[星空温泉]1300円、子供700円 休無休 所新潟県妙高市両善寺1966 交上信越自動車道新井スマートICからから車で10分 Pあり MAP P31

道の駅あらい

地元民に愛されるオアシス

国道（18号）と高速（上信越自動車道）の両方から利用でき、日本海と妙高高原から車で30分とアクセスも便利。地元で人気のラーメン店や農産物直売所、鮮魚センターなどが軒を連ねる。

DATA ☎0255-70-1021 営9:00～21:00（くびき野情報館）※物産館や農産物直売所、鮮魚センター、飲食店は店舗ごとに異なる 休無休（店舗により異なる）所新潟県妙高市猪野山58-1 交上信越自動車道新井スマートIC隣接 Pあり MAP P31

石川県金沢市

おおのしょう

大野庄用水 ✿

藩政時代の面影を残し
風情ある金沢の景観を創る用水

大野庄用水は金沢市街を網の目のように流れる用水の中で最も古い。金沢城の築城にも貢献したとされ、石積みの護岸が風情ある金沢の景観を創出している。

農業や防火、融雪、運搬を担い
金沢城の築城にも貢献

　今から約400年前の天正年間（1573～1592年）に、加賀藩の藩祖前田利家の家臣富永佐太郎が開削したといわれる大野庄用水は、創設時期などの詳細が定かでないものの、歴史ある数々の用水が流れる金沢で最も古い用水と

されている。犀川（さいがわ）右岸の桜橋上流から取水し、延長約10キロメートル、幅は平均6メートルで金沢市街の長町、長土塀を経て昭和町に至る。

　大野庄用水は開削当初、かんがい用水路として2万7,000石の農地に恵みをもたらしたほか、物資の運搬や防火、防御、融雪など、城下町の暮らしを支える多くの役割を担っていた。金沢城の築城に際しても、金石港から大量の木

材を運ぶための水路として大きな役割を果たしたことから、「御荷川（鬼川）」や「御城用水」などと呼ばれていた。

　明治以降も大野庄用水は街の人々の暮らしを支え、文明開化の金沢の産業は、用水の流れを利用した水車小屋から始まったとされる。

武家屋敷の曲水にも利用
夏にはホタル鑑賞会も

　金沢市街は太平洋戦争の戦火を免れ、藩政時代に造られた歴史ある街並みが今も随所に残されている。石積みの護岸が美しい大野庄用水もその一つであり、近くを流れる鞍月（くらつき）用水や辰巳（たつみ）用水とともに、風情ある金沢の景観づくりに大きな役割を果たしている。金沢を代表する観光地の一つである長町武家屋敷跡周辺では、用水の流れを屋敷内庭園の曲水に取り込む家や、用水沿いの縁台に鉢植えを飾る家もあり、金沢の伝統景観となっている。

　金沢市は歴史的な景観を後世に伝えるために用水保全条例を制定し、潤いとやすらぎのあるまちづくりに精魂を傾けている。用水沿いでは

ホタルが見かけられ、毎年夏の夜には鑑賞会が開催され、数多くの市民が夏の夜の水辺の風情を楽しんでいる。

藩政時代の面影を残す長町武家屋敷跡の景観にも見事に溶け込んでいる大野庄用水

ACCESS
🚃 JR金沢駅から車で17分
🚗 北陸自動車道金沢西ICから車で20分

オススメ周辺情報

旧加賀藩士高田家跡
（きゅうかがはんしたかだけあと）

大野庄用水を庭園に取り込む

中級武士・高田家の屋敷跡。大野庄用水から水を取り込んだ池泉回遊式庭園や長屋門、奉公人が暮らした仲間部屋、馬屋などを再現し、当時の暮らしぶりを学べるスポットだ。

DATA ☎076-263-3640（金沢市足軽資料館）営9:30～17:00 料無料 休無休 所石川県金沢市長町2-6-1 交北陸自動車道金沢西ICから車で20分 Pなし
MAP P33

長町武家屋敷跡界隈
（ながまちぶけやしきあとかいわい）

江戸時代にタイムスリップ

木羽葺きの屋根や土塀、忍者窓のある長屋門など藩政時代の加賀藩の中級武士が住んでいた地域の雰囲気を今も色濃く残している。和菓子店や工芸品を扱う店、飲食店などが並ぶ。

DATA ☎076-232-5555（金沢市観光協会）営散策自由 所石川県金沢市長町 交北陸自動車道金沢西ICから車で20分 Pなし MAP P33

四季のテーブル
（しき）

金沢の郷土料理を手軽に楽しめる

料理教室を営み、映画の料理監修なども行う郷土料理研究家・青木悦子氏が手がけるレストラン。旬の加賀野菜や地元産の食材を使った郷土料理がリーズナブルに味わえる。

DATA ☎076-265-6155 営9:30～20:30（LO）〈喫茶タイム〉9:30～11:00、15:00～17:00 休水曜（祝日の場合は翌日）所石川県金沢市長町1-1-17青木クッキングスクール1階 交北陸自動車道金沢西ICから車で20分 Pあり
MAP P33

三重県津市

南家城川口井水 <ruby>南<rt>みなみ</rt></ruby><ruby>家<rt>いえ</rt></ruby><ruby>城<rt>き</rt></ruby><ruby>川<rt>かわ</rt></ruby><ruby>口<rt>ぐち</rt></ruby><ruby>井<rt>ゆ</rt></ruby><ruby>水<rt>すい</rt></ruby>

家城ラインの渓谷美を背景に
農業·生活·防火を担う地域用水

雲出（くもず）川の渓谷美と調和して家城ラインの景観を形成する美しい疏水である。平安後期の開設以来、暮らしを支える地域用水として住民の手で大切に管理されている。

拡張工事を幾度も重ね
地域に欠かせない存在に

　南家城川口井水は三重県中央部にある青山高原の南麓に位置し、雲出川を水源に、下流の津市白山町にある南家城地区と川口地区を潤す疏水。平安後期の文治6（1190）年に開設された後も、治水工事や拡張工事を幾度も重ねてき

た。寛永7（1630）年には水路を拡幅するために、300メートルにわたって岩を鑿（たがね）で削り取る大規模な工事を行ったことが記念碑に記されている。享保14（1729）年、南家城井と川口井が一体化されて現在の形となった。

　疏水を流れる水は農業用水として地域の水田を潤すほか、住民の生活用水や集落の防火用水などの地域用水としても重要な役割を果たしている。農家だけでなく集落の住民が共同で施設

見事な渓谷美と用水路が一体になった家城ラインの景観は住民たちの誇りとなっている

を管理しており、現在でも良好な状態で地域に豊かな水を供給し続けている。

　地域住民の手で大切に維持されてきた歴史的、社会的価値が高く評価され、平成18（2006）年には国の「疏水百選」に認定された。平成28（2016）年には、国際かんがい排水委員会（ICID）の「世界かんがい施設遺産」にも登録された。

周囲の景色と調和して 見事な景観を形成

　一級河川・雲出川の中流域に位置する頭首工付近は、見事な渓谷美を見せる家城ラインの景勝地だ。家城ラインに設置された頭首工は石張りの固定堰で、奇岩が両岸にせまる雲出川の自然美と調和して絶妙な景観を形成し、人気の観光スポットとなっている。

　春から秋にかけては桜や新緑、紅葉に彩られた水辺の景色が楽しめる。冬になり川の水量が減ると、岩盤を鑿で削った川底の水路跡を見ることができる。アユ釣りやキャンプに最適なレジャースポットとしても人気を集めている。

ACCESS

🚃 JR名松線家城駅から徒歩20分
🚗 伊勢自動車道一志嬉野ICから車で20分

オススメ周辺情報

三重県総合博物館MieMu

三重の魅力を再発見できる

県内で化石が最初に発見されたミエゾウの全身骨格復元標本をはじめ、大杉谷・大台ケ原、鈴鹿山脈などの三重の自然や伊勢参りや伊勢商人などの歴史、文化を学べる。

DATA ☎059-228-2283 営9:00〜17:00 料520円（企画展は別途）休月曜（祝日の場合は翌日）所三重県津市一身田上津部田3060 交伊勢自動車道津ICから車で10分 Pあり MAPP203 B-2

津城跡

築城の名手が手がけた

天正8（1580）年に織田信長の弟・信包が築いた城。その後、築城の名手・藤堂高虎が大改修を行い、天守台や櫓、堀が現在も残り、「続日本100名城」にも選定されている。

DATA ☎059-229-3170（津市観光振興課）営入園自由 料無料 所三重県津市丸之内27 交伊勢自動車道津ICから車で10分 Pなし MAPP203 B-2

リバーパーク真見

家族みんながリフレッシュできる

雲出川沿いの豊かな自然の中でバーベキューやグランドゴルフ、夏は流しそうめんが楽しめる。川辺で水遊びや滞在型市民農園を利用するなど、家族で一日楽しめるスポット。

DATA ☎059-262-5002 営8:00〜17:00（7〜8月は〜18:00）所三重県津市白山町真見871 交伊勢自動車道久居ICから車で25分 Pあり MAPP35

熊本県菊池郡菊陽町

馬場楠井手の鼻ぐり 🍁

渦巻く水流で土砂を排出する
他に例を見ない独創的工法

「鼻ぐり井手」の愛称で親しまれる農業用水路で、牛の鼻輪に似た構造物で川底の土砂を排出する特殊な仕組みを持つ。地域の貴重な歴史遺産となっている。

9カ村95町の農地を潤し
収穫量を3倍に

　馬場楠井手は、戦国武将・加藤清正の肥後統治時代、慶長13 (1608) 年ごろに築造されたとみられる約12.4キロメートルの農業用水路である。約95ヘクタールの農地に水を届け、収穫量を3倍にしたと伝えられている。

　井手の途中には「鼻ぐり」と呼ばれる、岩山を部分的にくり抜いて上部を橋のように残したトンネル状の構造物が連なっている。現在は24カ所を残すのみだが、当初は80カ所ほどあったとされ、この形が牛の鼻輪を通す穴（もしくは鼻輪本体）に似ていることから、鼻ぐりの名がついたとされる。

　鼻ぐりが造られた場所は小高い山になっていて、水路を通すには2つの問題点があった。

堅い岩盤を20メートルもの深さまで、のみやクワなどすべて手作業で掘り下げた

ひとつは、岩盤が厚くて掘削するのに時間と労働力がかかること。もうひとつは、地上から底までの深さが20メートルにもなるため、底にたまった土砂を人力で排出できないことだった。そこで考えられたのが鼻ぐりで、岩盤を掘削する際に上部を壁のように残すことで、掘削範囲を大幅に減らした。壁の穴を通る際に渦を巻く水が川底の土砂を巻き上げて、下流に排出する効果があったと考えられる。この工法は全国でも他に例を見ない独創的なものであり、重要な歴史遺産として評価されている。

鼻ぐり周辺に公園を整備
歴史を語るガイドも活躍

馬場楠井手は現在も農業用水路として、菊池郡菊陽町から熊本市に至る多くの田畑に水を供給している。平成15(2003)年には鼻ぐり井手公園が整備され、水が渦巻く鼻ぐりの様子を上からのぞき込める展望台や、歴史が学べる交流センターが築かれた。地域のボランティアガイドが活躍しており、地元の小学生がガイドになる日もある。毎年11月には鼻ぐり井手祭が開催され、小学生による劇や、普段は立ち入ることのできない中須山の散策などで賑わっている。

疏水・湧水

馬場楠井手の鼻ぐり　熊本県菊池郡菊陽町

ACCESS
🚗 九州自動車道熊本ICから車で20分
🚃 JR豊肥本線原水駅から車で11分

オススメ周辺情報

金峰山湧水群（きんぽうざんゆうすいぐん）

歴史上の人物ゆかりの湧水も多い

金峰山系一帯に点在する20カ所の湧水群で、宮本武蔵が『五輪書』を著した霊巌洞がある「雲巌禅寺」や夏目漱石が俳句を詠んだ「成道寺」など逸話が残るものも多く存在する。

DATA ☎096-328-2436(熊本市水保全課) 所熊本市西区(河内町、松尾町、島崎、花園ほか)、玉名市(天水町) MAPP202 B-3

国指定史跡「塚原古墳群」・塚原古墳公園（つかわらこふんぐんつかわら）

古代人の暮らしに思いを馳せる

昭和47(1972)年、高速道路の開発の際に発見された古墳群。古墳公園には復元された77基の古墳があり、併設された歴史民俗資料館では出土した土器や資料が展示されている。

DATA ☎0964-28-2133(城南地域整備室) 営入園自由 料無料 休無休 所熊本県熊本市南区城南町塚原1234 交九州自動車道御船ICから車で20分 Pあり MAPP202 B-3

熊本城 桜の馬場 城彩苑（じょうさいえん）

熊本の多彩な魅力を体感できる

食事処・土産処「桜の小路」では郷土料理や特産品など豊かな食文化にふれられる。映像や体験を通して熊本城の歴史を学べる「熊本城ミュージアムわくわく座」も人気。

DATA ☎096-288-5577(桜の小路) 096-288-5600(熊本城ミュージアムわくわく座) 営土産処9:00～19:00(12～2月は～18:00)、食事処11:00～19:00(土・日曜、祝前日は～20:00)、熊本城ミュージアムわくわく座9:00～17:30 料300円 休店舗により異なる 所熊本県熊本市中央区二の丸1-1 交九州自動車道熊本ICから車で20分 MAPP202 B-3

37

宮城県刈田郡蔵王町

疣岩分水工 ✿

<small>いぼいわぶんすいこう</small>

水を公平に分配し、争いをなくした
宮城県初の分水工

澄川（すみかわ）の水を澄川用水路と黒沢尻用水路に分ける疣岩分水工は、完成から約90年を経た今も、かつて干ばつに悩まされた地域の農業振興の礎として存在感を示している。

春先はごうごうと
水量で異なる表情

疣岩分水工は澄川から取水した水を2本の農業用水に分ける施設である。「全周溢流式」と呼ばれる円形分水工で、円筒の中心に水を導き、360度の全方向へ均一に流れ落ちる水を澄川用水路と黒沢尻用水路に公平に分配し、

全体で850ヘクタールの水田を潤している。2年の工事を経て通水が開始されたのは昭和6（1931）年7月で、宮城県内で最初の分水工といわれている。

通水量は時期によって異なり、4月21日～5月5日は毎秒3.18トン、5月6日～8月31日は毎秒2.904トン、9月1日～4月20日は毎秒0.96トンと決められている。通水量が多い時期はごうごうと水が流れ、少ない時期は水

鏡のように穏やかな表情を見せている。

水を与えよ
然らざれば死を

　澄川用水路はかつて、藪川流域と荒川流域の小河川を水源として利用していた。しかし、水源の流量が不安定で、毎年のようにひどい干ばつに見舞われていた。その水利対策として持ち上がったのが、澄川の水を引いていた黒沢尻用水路と共同で取水する妙案だった。2つの用水の関係者は大正15（1926）年に共同取水に合意し、のちに水争いが起こらぬよう水分配の割合を7：3に決めた。

　そののち、分水工や導水路の建設に向け、測量や設計が進み、昭和4（1929）年3月に起工したが、この間も激しい干ばつがこの地域を襲い、昭和2（1927）年の仙南日日新聞で「我等に水を与えよ。然らざれば死を与えよ」という村人たちの嘆きが見出しになるほどだった。竣工後は2つの用水が同じ水源を共同利用し、昭和14（1939）年に東北電力遠刈田発電所が建設されてからは、現在のように水力発電した

後の水の一部をサイフォン方式で分水工に導き、配分する形態になった。

通水量が多いときにはパンケーキのように水がふくらむ

ACCESS
🚗 東北自動車道白石ICから車で15分

オススメ周辺情報

我妻家住宅
（あがつまけ）

江戸中期の豪農の風格が今も残る

我妻家は鎌倉時代から続く旧家で、今も江戸中期以降の屋敷構えが状態良く保存されている。全国的にも大規模な民家は木綿や紅花などを扱った豪農の暮らしぶりを伝えている。

DATA ☎0224-33-2328 営第3日曜のみ見学可10:00〜16:00（11〜3月は〜15:00）料無料 休冬季期間休館あり 所宮城県刈田郡蔵王町曲竹字薬師前4 交東北自動車道白石ICから車で12分 Pなし MAP P39

蔵王酪農センター
（ざおうらくのう）

大自然の中で新鮮な乳製品を

蔵王山麓の七日原高原にある牧場にはチーズ工場、飲食店、販売所、宿泊施設まで揃う。体験館ではチーズ工場直送の牛乳を使ったチーズやバター、アイスクリーム作りも楽しめる。

DATA ☎0120-150-302 営チーズ工場9:00〜17:00、手作り体験館9:30〜17:00（施設により異なる）料バターづくり600円、アイスクリームづくり900円、チーズづくり（マスカルポーネとバター）1,600円 休牧場は11〜3月まで冬期休業 所宮城県刈田郡蔵王町遠刈田温泉七日原251-4 交東北自動車道白石ICから車で30分 Pあり MAP P39

遠刈田温泉
（とおがった）

清流松川沿いの情緒ある温泉街

開湯から400余年の歴史があり、大小40軒近いホテルや旅館、ペンションが温泉街を中心に集まっている。青森ヒバで造った共同浴場「神の湯」や無料で利用できる足湯など地元ファンも多い。

DATA ☎0224-34-2725（蔵王町観光案内所）所宮城県刈田郡蔵王町遠刈田温泉 交東北自動車道白石ICから車で20分 Pあり MAP P39

群馬県高崎市

長野堰用水円筒分水堰 🍁
（ながのせき）　（えんとうぶんすいせき）

一目で公平と分かる分水能力で
地域の水争いに終止符を打った堰

長野堰用水は群馬県高崎市内を流れる。円筒分水堰と呼ばれる利水施設は、下流に
位置する4つの水路に公平に水を分配し、地域の水争いに終止符を打った。

高崎城と城下町を潤し
染物などの産業にも貢献

　長野堰用水の歴史は古く、今から1100年ほど前に、平城天皇、阿保親王、在原業平を祖とする上野国守長野康業（ながのやすなり）によって開削されたと伝えられている。その後、室町時代に箕輪城主の長野信濃守業政（なりまさ）

によって、現在の長野堰の原形に整備された。
　江戸時代には、徳川四天王の武将の一人である井伊直政が慶長3（1598）年に箕輪城から高崎城に移り、初代高崎城主となった。高崎城を築く際に、長野堰から水を引いて城内および城下町に多くの水路を整備したことから、長野堰の水が農業用水や生活用水、染物の搬出や水車の動力源として広く利用され、地域の発展に大きく寄与することとなった。

長野堰用水は室町時代から農業や住民の生活に利用され、高崎市の発展にも大きく貢献してきた

下流地域の面積に応じて貴重な水を公平に配分

長野堰用水の途中には、円筒分水堰と呼ばれる全国でも珍しい分水施設が設置されている。これは、県のかんがい排水事業の一環として昭和37（1962）年に完成したもので、円筒の中心から流れ出る水を、外縁部に設けた水路敷の傾斜で均等に分ける機能を持つ。長野堰用水の下流には、地獄堰・鳴上堰・矢中堰・倉賀野堰という4つの水路があり、それぞれの流域面積に応じた割合で正確に水を配分できるようになった。かつては干ばつのたびに水をめぐる争いが絶えなかったが、一目で公平と分かる分水能力を持つ円筒分水堰が設置されたことで、長年にわたる水争いに終止符が打たれた。

長野堰用水は平成17（2005）年度に農林水産大臣より疏水百選の認定を受け、平成28（2016）年度には歴史的・技術的・社会的価値がある施設として世界かんがい施設遺産に登録された。施設の周辺には地元の有志や小学生の活動によって花壇が整備され、市民の憩いの場として愛されている。

ACCESS
🚃 JR高崎駅東口から徒歩15分
🚗 関越自動車道高崎ICから車で15分

オススメ周辺情報

上野三碑（こうずけさんぴ）

1300年前の東アジアの交流を記す

飛鳥・奈良時代に建てられた「山上碑」「多胡碑」「金井沢碑」の総称で、日本最古の古代石碑群。東アジアの文化交流を記す貴重な石碑でユネスコの「世界の記憶」に登録された。

DATA ☎027-321-1292（高崎市文化財保護課）所群馬県高崎市内 ℍhttp://www.city.takasaki.gunma.jp/info/sanpi/index.html ⅯⅯ P204 B-2

みさと芝桜まつり（しばざくら）

3色の芝桜の織りなす模様が見事

2.9ヘクタールある公園では、例年4月中旬から5月上旬にかけて白やピンク、赤の芝桜26万株が一斉に花を咲かせる。織姫の羽衣をイメージした模様は人気の撮影スポット。

DATA ☎027-371-5111（高崎市箕郷支所産業課）営4月中旬～5月上旬の開花時期はみさと芝桜まつりを開催、9:00～16:00（入場は15:30まで）料310円 所群馬県高崎市箕郷町松之沢12-1 交関越自動車道前橋ICから車で30分 Ｐあり ⅯⅯ P204 B-2

榛名フルーツ街道（はるな）

北関東屈指のフルーツ王国

榛名地域の国道406号沿いは、梨やプラム、桃、ブルーベリーなどの果樹園の直売所が並び「フルーツ街道」と呼ばれている。フルーツ狩りができる体験農園も多い。

DATA ☎027-321-1257（高崎市榛名支所産業観光課）所群馬県高崎市中里見町 交関越自動車道高崎ICから車で40分 ⅯⅯ P204 B-2

長野県伊那市・上伊那郡辰野町・箕輪町・南箕輪村

西天竜幹線水路円筒分水工群 🌸
にしてんりゅう　　　　　　　えんとうぶんすいこうぐん

地域の水争いを解決した
日本最大級の円筒分水工群

水田面積に応じて水を公平に分配する水利施設を円筒分水工と呼ぶ。長野県で昭和初期に整備された
西天竜幹線水路の流域には多数の分水工が設けられ、日本最大級の円筒分水工群を形成している。

農民たちの悲願をかなえ
桑畑を水田に変えた水路

　西天竜幹線水路は、諏訪湖の釜口水門より流れ出る天竜川から取水して、辰野町、箕輪町、南箕輪村を経て伊那市まで26.7キロメートルを流れる。この水路が造られる以前、一帯では養蚕を中心に農業が営まれ、周辺には樹林と桑畑が広がっていたが、「自分たちの米は自分たちで作りたい」という農家の願いは強く、昭和3（1928）年に西天竜幹線水路が完成した。

　しかし、開田したばかりの水田は水持ちが悪く、水路の完成後は貴重な水の分配をめぐってたびたび水争いが起きた。その解決策として造られた円筒分水工は、水路の上流から水を地下に導き、逆サイフォンの原理で円筒分水槽の中央部に水を噴き出させる仕組み。円筒分水槽に

放射状に配置した分水口の数を、水田の面積に応じて分けることで、各水路に正確な比率で水を配分できる。水争いの絶えなかった西天竜幹線水路の流域では、大正8（1919）年から昭和14（1939）年にかけて次々と円筒分水工が造られ、日本最大級の円筒分水工群が出現した。

1,180ヘクタールを潤し 発電用水にも活用

　西天竜幹線水路のかんがい面積は1,180ヘクタールに及び、非かんがい期間には水路の水が、長野県企業局が運営する西天竜発電所の発電用水としても活用されている。当初、57基が設けられた円筒分水工は現在も35基が現役として存在し、大小の分水を加えると、83基が活用されている。

　水路の完成を記念して建立された、高さ8メートル、厚さ60センチメートル、重さ30トンに及ぶ巨石の記念碑には「鍾水豊物」（しょうすいほうもつ：みずをあつめものをゆたかにす）と記されており、全国屈指の円筒分水工群を誇りとする地域のシンボルとなっている。

写真の円筒分水工（7号）を含めた35基の分水工群が現役で地域の農業を支えている

ACCESS
🚗 中央自動車道伊北ICから車で3分

西天竜幹線水路円筒分水工群　長野県伊那市・上伊那郡辰野町・箕輪町・南箕輪村

オススメ周辺情報

高遠城址公園
たかとおじょうし

天下第一と称される桜の名所

武田信玄の五男、仁科五郎盛信が織田信長の軍勢と戦い敗れた歴史の舞台。明治時代の廃藩置県で城が取り壊された後に公園となり、全国有数の桜の名所として知られる。

DATA ☎0265-78-4111（代）（伊那市観光協会）営入園自由（花見期間のみ有料）所長野県伊那市高遠町東高遠 交中央自動車道伊那ICから車で30分 P有料駐車場あり MAP P204 A-3

分杭峠
ぶんぐいとうげ

ゼロ磁場のパワースポット

日本最大の断層「中央構造線」が縦貫する峠。著名な気功師・張志祥氏がこの峠でゼロ磁場を発見し、パワースポットとして人気を集めている。峠まではシャトルバスを利用。

DATA ☎0265-78-4111（代）（伊那市観光協会）休冬期はシャトルバス運休 所長野県伊那市長谷市野瀬 交中央自動車道伊那ICから車で50分、栗沢駐車場よりシャトルバス（往復800円）利用 Pなし MAP P204 A-3

はびろ農業公園 みはらしファーム

五感で楽しむ多彩な体験メニュー

南アルプスの大パノラマを望む、広々とした農業公園。果物の収穫体験やそば打ち、パンづくりなど、豊富な体験メニューを提供し、温泉施設や宿泊施設も完備する。

DATA ☎0265-74-1807（みはらしファーム公園事務所）営8:30〜17:15（事務所）料休施設により異なる 所長野県伊那市西箕輪3416-1 交中央自動車道伊那ICから車で5分 Pあり MAP P43

三重県いなべ市

<ruby>片<rt>か</rt></ruby><ruby>樋<rt>た</rt></ruby>のまんぼ

二人の庄屋が私財をなげうった
日本で最大級の地下水集水方式の横井戸

三重県の鈴鹿山地東麓は日本一「まんぼ」が多く分布する地域として知られる。なかでも片樋のまんぼは最大の規模を誇り、今も現役で地域の用水を賄う大切な水源だ。

山の湧き水を利用した
横井戸式地下水集水施設

　いなべ市内各地には「まんぼ」と呼ばれる水を引くための素掘りのトンネルが数多くある。まんぼは江戸時代後期から昭和初期に造られ、大量に必要な田んぼの水や生活用水を賄ってきた。田んぼが川や池より高い土地にあると水の確保が難しいため、山や峠の水源から水を引く方法として考え出された。江戸時代、鉱業が盛んだったこの地域には坑道を掘る技術があり、その技術が役立ったともいわれる。

　まんぼには、湧水を利用するものと川やため池の水を利用するものがある。片樋のまんぼは全長約1,000メートルの横井戸式地下水集水施設で、山の地下に染み出してくる湧き水を水源とする。このタイプの素掘りのトンネルとし

ては日本最大規模を誇ると言っていいだろう。

掘削工事を指導した 二人の庄屋の偉業

　片樋には、古代から源太川を水源とする2本の用水があった。貴重な水を一滴も漏らさないようL型の樋を設けたことが地名の由来とされる。新田開発が進むと第3の水路が必要となり、時の庄屋、冨永太郎左衛門は水路の掘削を発案、全村民の同意を取りつけ、工事は明和末期（1770年〜）に着工された。庄屋と村民が一丸となり約5年かけて600メートル掘り進んだが、やがて水の出が乏しくなったため、文久年間（1861年〜）に庄屋、二井藤吉郎が第二期工事を開始した。しかし落盤が相次いで、思うように水が得られず、400メートルほど掘ったところで中止となった経緯がある。工費はすべて二人の庄屋が私財をなげうって工面した。

　片樋まんぼは約7ヘクタールをかんがいする現役の農業水利施設であるだけでなく、いなべ市の史跡に指定され、「片樋まんぼ保存会」によって管理されている。まんぼの横穴へ降りて見学もできる。片樋地区では、先賢の功績をたたえ、水利の安全を祈願して、毎年7月1日に近い日曜日に「まんぼ祭」が行われる。

用水を一滴も漏らさないようL型の樋を設けたことから「片樋」と名付けられたと伝わっている

ACCESS

🚗 東海環状自動車道大安ICから車で5分

オススメ周辺情報

いなべ市農業公園

東海エリア最大級の梅林

梅林公園では毎年3月に梅まつりが開催され、100種類4,500本の梅が咲き、6月下旬には梅の実もぎとり体験ができる。4〜5月のぼたんまつりも東海地区最大級の規模を誇る。

DATA 📞0594-46-8377 ⦿8:30〜16:00（梅まつり・ぼたんまつり開催時）¥500円（梅まつり・ぼたんまつり開催時）休施設・時期により異なる 所三重県いなべ市藤原町鼎717 交東海環状自動車道大安ICから車で25分 Pあり MAP P203 B-2

ふれあいの駅うりぼう

いなべの食を楽しむならここ

生産者との交流を大切にするいなべの農産物直売所。農家が丹精込めて生産した米や野菜、果物、加工品などを販売。体験工房では月2回そば打ち体験教室やアレンジ教室も開催。

DATA 📞0594-74-5866 ⦿8:30〜17:00 休火曜 所三重県いなべ市員弁町大泉2517 交東海環状自動車道大安ICから車で10分 Pあり MAP P45

阿下喜温泉 あじさいの里

旅の疲れを癒すアルカリ性温泉

掛け流しのアルカリ性の温泉は体が早く温まり、湯冷めがしにくく、肌にも優しい。岩露天風呂から石露天風呂、大浴場、サウナまで備え、心身ともにリフレッシュできる施設。

DATA 📞0594-82-1126 ⦿11:00〜21:00（最終受付20:30）¥550円（土・日曜・祝日は650円）休木曜（祝日の場合は翌平日）所三重県いなべ市北勢町阿下喜788 交東海環状自動車道大安ICから車で10分 Pあり MAP P203 B-2

秋田県仙北郡美郷町

<ruby>六<rt>ろく</rt></ruby><ruby>郷<rt>ご</rt></ruby><ruby>湧<rt>う</rt></ruby><ruby>水<rt>ゆ</rt></ruby><ruby>群<rt>う</rt></ruby>

六郷湧水群 🍁

町の至るところに湧き出す 60以上ある湧水

六郷湧水群は「百清水」と謳われた伏流水があちこちに湧き出る水郷である。それぞれの清水にちなんだ名前があり、散歩や自転車で水辺の日常を見て回るのも楽しい。

イバラトミヨが生息する 澄んだ清冽な清水

　六郷は、奥羽山地を水源とする大小河川によってつくられた扇状地にあるため、豊富な伏流水が湧き出し、古来「百清水」といわれた土地である。六郷地区の湧水は路地や民家の裏庭、神社やお寺の境内など町内至るところに見られ、現在その数は60以上に及んでいる。古くから地域の人はこの湧水を農業用水や生活用水として利用してきた。

　鷹狩りに訪れた佐竹の殿様が料理用にそこの水を使ったことから「御台所清水」と呼ばれている代表的な湧水や、昔は近くに3つの倉があり三倉清水とも呼ばれていたが、今は藤の花の見事さから「藤清水」と呼ばれる湧水、アイヌ語でニタイ（森林）、コツ（水たまり）から付

けられたとされる「ニテコ清水」など、それぞれの由緒にちなんだ名前が付けられ親しまれている。水の清澄度のバロメーターともなり、学術的にも貴重な淡水魚「イバラトミヨ」（地元ではハリザッコ）が生息する「馬洗い清水」もあって興味深い。

数多くの百選に認定された 暮らしに密着した水

六郷湧水群は平成14（2002）年の読売新聞社「遊歩百選」に認定され、県外からも多くの人が訪れるようになった。

名水を求めて多くの観光客が散策を楽しむ美郷町（みさとちょう）では、観光情報センターにレンタサイクルを揃えて清水めぐり用に貸し出している。とはいえ、すべての湧水に観光客向けの凝った特別な演出があるわけではない。今も住民の生活用水として大切に使われており、夏でも15度前後と水温が低い清水で野菜を洗ったり冷やしたりする日常の風景がそこにある。数多い百選に彩られた美しい湧水は地域の人々の日々の暮らしに密着した水なのである。

湧水は路地や民家の裏庭、寺の境内など六郷地区の至るところで見られ、住民の生活の一部に溶け込んでいる

ACCESS
- 🚌 JR大曲駅から車で15分
- 🚗 秋田自動車道大曲ICから車で10分

オススメ周辺情報

美郷町ラベンダー園
（みさとちょう）

美郷町に初夏の到来を告げる

奥羽山脈をバックに約2ヘクタールの畑が2万株ものラベンダーの紫色に染まる姿は圧巻。美郷町オリジナル品種・ホワイトラベンダー「美郷雪華」も可憐な花を咲かせる。

DATA ☎0187-84-4909（美郷町商工観光交流課）営9:00〜17:00（6月中旬〜7月中旬）料入園無料、ラベンダー摘み体験300円 休期間中無休 所秋田県仙北郡美郷町千屋大台野 交JR大曲駅から車で20分 Pあり MAP P205 A-3

六郷のカマクラ
（ろくごう）

700年以上の歴史を持つ祭り

豊作や安全繁栄を祈る「年ごい」と凶作や不作を除去する「悪魔払い」、さらにその年の吉凶を占う「年占い」が合わさった行事。国の重要無形民俗文化財にも指定されている。

DATA ☎0187-84-0110（美郷町観光情報センター）営2月11日〜15日 所秋田県仙北郡美郷町六郷本道町 交秋田自動車道大曲ICから車で15分 Pあり MAP P47

ニテコサイダー

100年以上地元で愛される名物

名水百選に選定された「六郷湧水群」の中でも豊富な湧水量を誇るニテコ清水の天然水を使用した地元生まれのサイダー。水本来の味を楽しめるまろやかな炭酸に仕上げている。

DATA ☎0187-84-0020（あきた美郷づくり株式会社）HP http://akita-misato.com

群馬県太田市

新田湧水群 <ruby>に<rt></rt></ruby><ruby>っ<rt></rt></ruby><ruby>た<rt></rt></ruby><ruby>ゆ<rt></rt></ruby><ruby>う<rt></rt></ruby><ruby>す<rt></rt></ruby><ruby>い<rt></rt></ruby><ruby>ぐ<rt></rt></ruby><ruby>ん<rt></rt></ruby>

神秘をたたえた湧水地は
中世の荘園「新田荘」を支えた水源

中世に一世を風靡した東国屈指の荘園「新田荘」は、太古の昔から湧き出ていた湧水を利用した新田開発の地だ。古文書に残る史跡を訪ねてみよう。

豊かな自然が保たれた
人々の憩いの場

　太田市北西部の新田地域は大間々扇状地の扇端部に位置しており、標高40メートルから60メートル付近に幾多の湧出地が散在する新田湧水群がある。湧水地の近くには縄文時代の遺跡も多く見られ、古代よりこの水が人々の営みと深く関わったことがうかがえる。かつて100カ所以上あった湧水地は今、枯渇や埋め立てにより、大小20カ所余りにまで減った。

　その一つ、周囲に自然が残る矢太神（やだいじん）水源は東西15メートル、南北80メートルあり、湧水地の中で最も豊富な水量を誇る。池の北側にある湧水点では砂を舞い上げる自噴現象が見られ、「ニホンカワモズク」という希少な紅藻類も観察できる。「ほたるの里公園」

として整備されていて、春には桜が咲き誇り、青い宝石といわれるカワセミが水辺に姿を見せるなど、四季を通じて人々に憩いの場を提供している。

古文書に記された 新田荘の新田開発の歴史

矢太神水源は、中世に新田氏がこの地域で東国を代表する荘園「新田荘」を営んだ地で、12世紀の古文書に、この水源から流れ出す石田川の水を利用して流域の新田開発をすすめて郷を拡大、荘園を発展させた様子が記されている。

新田荘の水の争いのもとになったと伝わる重殿水源の傍らには記念碑が建っている

矢太神水源にほど近い重殿（じゅうどの）水源は、今は周囲を民家や工場に囲まれ、四方を石垣とコンクリートで護岸された東西10メートル、南北23メートルの池で、一級河川大川

の源流を示す標柱が傍らに立つ。14世紀に書かれた古文書によると、重殿水源から流れ出る用水堀をめぐって新田氏一族の大館宗氏と岩松政経の間で争いが起こり、下流の岩松側が鎌倉幕府に訴えたところ、幕府は用水をふさいでしまった大館側に用水を元通りに戻すよう命じたとされる。新田荘の豊富な湧水が荘園の経営にいかに不可欠だったかを示す証左である。

矢太神水源や重殿水源は、寺社境内や館跡、湧水地など11の中世遺跡からなる国指定史跡「新田荘遺跡」の一部で、新田荘の中で重要な役割を果たしている。

ACCESS

🚗 北関東自動車道太田藪塚ICより車で10分

🚆 東武伊勢崎線世良田駅より車で20分

オススメ周辺情報

アンディ&ウィリアムスボタニックガーデン

日本一のイングリッシュガーデン

約2万平方メートルと日本一の規模を誇るイングリッシュガーデン。テーマごとに手入れの行き届いた22の庭園を鑑賞でき、週末はスタッフが解説するガーデンツアーも実施。

DATA ☎0276-60-9021 営9:00～18:00（4/1～9/30）、9:00～17:00（2/21～3/31&10/1～12/20）料550円 休12/21～2/20は冬季休館あり 所群馬県太田市新田市野井町456-1 交北関東自動車道太田藪塚ICより車で10分 Pあり MAP P49

新田荘歴史資料館
にったのしょう

太田市の成り立ちが分かる

歴史公園内にあり、長楽寺や東照宮の貴重な文化財をはじめ、旧石器時代の石器や縄文時代の須恵器や埴輪など新田荘域を中心とする太田市のさまざまな歴史資料を展示している。

DATA ☎0276-52-2215 営9:30～17:00（入館は～16:30）料200円 休月曜（祝日の場合は翌日）所群馬県太田市世良田町3113-9 交北関東自動車道太田藪塚ICから車で20分 Pあり MAP P204 B-2

道の駅おおた

群馬の味と人にふれあえる

やまといもに代表される群馬の新鮮野菜から加工品、花などを販売。クラフト市場や郷土グルメを楽しめる屋台形式のケータリングビレッジを目当てに訪れる人も多い。

DATA ☎0276-56-9350 営9:00～19:00（採れたて市場・クラフト市場）休3・5・9月の最終水曜、7／14・7／15、11月第1水曜※施設の一部は臨時休館あり 所群馬県太田市粕川町701-1 交北関東自動車道太田・藪塚ICから車で30分 Pあり MAP P204 B-2

愛媛県西条市

<ruby>西条<rt>さいじょう</rt></ruby>のうちぬき ✿

地中に打ち込んだパイプから
名水が湧き出る水の都

石鎚（いしづち）山の麓の愛媛県西条市は、地中に打ち込んだパイプから名水が噴き出る水の都だ。豊かな名水は暮らしを支え、農業や数々の利水産業を育んできた。

良質な伏流水に恵まれた
全国でも稀な水環境

　愛媛県西条市の平野部には、全国的にも稀な被圧地下水の自噴地帯が広範囲に散在し、西日本最高峰の石鎚山系を源流とする伏流水が地下を流れており、地中にパイプを打ち込むと水が噴き出すことから「うちぬき」と呼ばれている。

パイプの数は約3,000本にのぼり、1日の自噴量は約13万立方メートルに及ぶ。
　うちぬきの発祥は江戸時代の中頃とされており、古くは天保期に編纂された西条誌に「打抜泉」の記述が残る。昭和20（1945）年頃までは、くり抜いた竹を地中に打ち込んで地下水を確保する方法がとられていた。水量が豊富で、一年を通して温度変化も少ないことから、生活用水や農業用水、工業用水に広く利用され、染色な

ど利水産業の発展にも大きく貢献した。

　全国的にも稀にみる恵まれた水環境であることから、昭和60（1985）年には西条のうちぬきが、環境庁（現在の環境省）の日本の名水百選に選定された。平成7（1995）年には西条市が、国土庁（現在の国土交通省）の「水の郷」にも認定されている。

水場めぐりを楽しんで
西条のおいしい水を堪能

　うちぬきの水はまろやかな口当たりとほのかな甘みが特徴で、平成7（1995）年と平成8（1996）年には、岐阜県で行われた全国利き水大会で、2年連続「日本一のおいしい水」に選ばれた。まちづくりの一環として、西条市内には飲用水を汲むことができる水場が多数整備されており、県内外から多くの人が訪れる。市のホームページには「西条水めぐりマップ」が掲載されており、西条市観光物産協会が主催するガイド同伴の「水めぐりツアー」も人気を集めている。賑わう季節は春で、満開の桜や藤で彩られた市内を散策しながら情緒豊かな水めぐりが楽しめる。

あちこちで名水が湧き出る西条では飲み水に困ることがなく、旅人の疲れも癒してくれる

ACCESS
🚃 JR伊予西条駅より徒歩15分
🚗 松山自動車道いよ西条ICから車で15分

オススメ周辺情報

天川の棚田（あまかわのたなだ）

50万本のコスモスが棚田を彩る

天川集落は大明神川の上流にあり、65枚の棚田が連なっている。春は菜の花、秋にはコスモスが人々の目を楽しませ、特にコスモスの花祭りの際には直売所や飲食店も出店される。

DATA ☎0897-52-1690（西条市観光振興課）所愛媛県西条市河之内 交今治小松自動車道東予丹原ICから車で15分 Pあり MAP P203 A-3

アクアトピア

水のまち・西条のシンボル

水とのふれあいをテーマに掲げる西条市が中心となって整備を進めてきた公園。周辺はアクアルートとしてホタルの里や水舞台などがあり、新鮮な野菜や果物を扱う直売所もある。

DATA ☎0897-52-1382（西条市環境衛生課）営散策自由 所愛媛県西条市神拝甲 交松山自動車道いよ西条ICから車で15分 Pなし MAP P51

丹原もぎたて倶楽部（たんばらもぎたてくらぶ）

フルーツ狩りを1年中楽しめる

西条市丹原町にある果物農家のグループが運営する観光農園。ぶどうやくり、ブルーベリー、柿、いちじく、キウイなど旬の果物狩りを1年を通じて楽しむことができる。

DATA ☎080-6385-1801（総合案内）営9:00〜16:00（農園により異なる）料ぶどう狩り1300円（農園により異なる）休農園により異なる 所愛媛県西条市丹原町高松地区 交松山自動車道いよ小松ICから車で8分 HPhttps://www.mogitateclub.com/ Pあり MAP P203 A-3

福岡県うきは市

清水湧水
きよみずゆうすい

貴重な命の水として
地域住民が守る清澄な湧水

清水湧水は、鎌倉時代の旅の僧が木立の中に見つけたとされる。今も霊水として崇められ、薬水や生活用水、農業用水に利用されてきた。名水百選に選ばれている。

諸国巡歴の僧が
木立の中で発見

　清水湧水は、福岡県南東部の、大分県との県境に位置するうきは市にある。「道の駅うきは」にほど近い国道210号沿いの脇から細い道に入ると、小高い森を背にして臨済宗清水寺（せいすいじ）が建っている。寺の境内で湧き出し

ているのが、名水として名高い「清水湧水」である。

　この湧水は、建長元（1249）年、常陸の国の僧、日用比丘（ひようびく）が諸国巡歴の旅の途中、この地に立ち寄り、うっそうとした木立の中に清冽な水がこんこんと湧き出しているのを発見したものといわれている。日用比丘はこの地の清浄さがたいそう気に入り、茅屋を建てて暮らし始めて村人とも交流した。日用比丘の

豊富な水量と良質な湧水は、地域住民が大切に維持管理している

徳に感じた村人は物資や労力を喜捨し、時の領主であった大蔵隆真も田地を寄進して支援した。清水寺はこうした後ろ盾があって建立された。その後、天正年間（1573～1591年）に九州制覇を狙った豊後の大友宗麟の兵火を受けて荒廃していたが、寛文8（1668）年、久留米梅林寺が休岳和尚を入山させ、師である月州和尚を開山に迎えて清水寺は再興された。

1日に700トン自噴する
極めて良質な霊水

清水湧水は昔から「霊水」と崇められ、時には薬水に、また住民の飲料水や生活用水、農業用水にも用いられ、貴重な命の水として700余年の長きにわたり地域の暮らしを支えてきた。湧水量は1日当たり700トン余りを自噴する。水温は17度、無色透明、無味無臭で弱アルカリ性（pH7.8）の極めて良質な水である。湧水池は丸石が積まれた護岸で囲まれ、そこに美しく苔やシダがついて風情を醸す。池には水が湧き出し、砂や小石、落ち葉などが沈んだ底の様子が水面に浮かび上がって手に取るように見える清らかさだ。

昭和60（1985）年に名水百選に選定された。遠方から水を汲みに訪れる人も多く、地域住民でつくる清水湧水保存会では名水の維持管理のため、水の持ち帰りに100円以上の協力金を募っている。

ACCESS
🚗 大分自動車道杷木ICから車で10分
🚃 JR久大本線うきは駅から車で6分

清水湧水　福岡県うきは市

オススメ周辺情報

浮羽稲荷神社
うきはいなり

鳥居と石段のコントラストが見事

商売繁盛や五穀豊穣、酒造と健康、長命長寿、学問の神様を祀る。約300段の石段に鮮やかな朱色の鳥居が91基も並び、最近はフォトジェニックスポットしても注目されている。

DATA ℡0943-76-3980（うきは観光みらいづくり公社）営参拝自由 料無料 休無休 所福岡県うきは市流川1513-9 交大分自動車道杷木ICから車で10分 Pあり MAP P53

道の駅うきは

スタッフのもてなしも心地いい

うきは産の旬のフルーツや野菜はおみやげに喜ばれ、おいしい食べ方はスタッフが丁寧に教えてくれる。九州・山口地区の道の駅ランキングでも4年連続で満足度第1位を獲得中。

DATA ℡0943-74-3939 営9:00～18:00 休第2火曜 所福岡県うきは市浮羽町山北729-2 交大分自動車道杷木ICから車で10分 Pあり MAP P53

うきは筑後川温泉
ちくごがわ

美人の湯としても名を馳せる

昭和30（1955）年に開湯した源泉掛け流しの温泉。うきは市内にある筑後川温泉と吉井温泉は環境省の国民保養温泉地域に指定され、全国から温泉ファンがこの地を訪れている。

DATA ℡0943-77-7444（筑後川温泉旅館組合）所福岡県うきは市浮羽町古川 交大分自動車道杷木ICから車で3分 Pあり MAP P53

富山県中新川郡立山町

常願寺川両岸分水工・水路橋

<ruby>常<rt>じょう</rt></ruby><ruby>願<rt>がん</rt></ruby><ruby>寺<rt>じ</rt></ruby><ruby>川<rt>がわ</rt></ruby><ruby>両<rt>りょう</rt></ruby><ruby>岸<rt>がん</rt></ruby><ruby>分<rt>ぶん</rt></ruby><ruby>水<rt>すい</rt></ruby><ruby>工<rt>こう</rt></ruby>　<ruby>水<rt>すい</rt></ruby><ruby>路<rt>ろ</rt></ruby><ruby>橋<rt>きょう</rt></ruby>

日本三大急流をしのぐ
常願寺川の水を富山平野へ分配

急流河川の常願寺川は古くから「暴れ川」と呼ばれた。洪水のたびに取水口は決壊、流失を繰り返したが、「横江頭首工」の完成により用水の安定供給が始まった。

左岸と同じ地名が見られる
常願寺川の右岸大地

　常願寺川は富山県の中央部を流れる全長約56キロメートルの扇状地河川で、水源を3,000メートル級の山岳に発する世界でも屈指の急流河川である。安政5（1858）年の大地震では立山カルデラの大鳶山・小鳶山が崩れ落ち、土石

流が下流域を襲った。その後、膨大な量の土砂が大雨のたびに流失し、河床が上昇して天井川となり、毎年のように洪水を起こすことから「暴れ川」の異名をとる。特に左岸の村々は、田畑が土石で埋まることもしばしばで、加賀藩の改作奉行は被災した村ごと未開の地が残る右岸大地への移住を奨励した。立山町に向新庄、日俣、古川など左岸と同じ地名が見られるのはそのためである。

分水工で平等に分配
左岸へは水路橋で導水

こうした水との長い闘いの歴史は集落間の取水をめぐる険悪な争いも招いたが、昭和27（1952）年、常願寺川左右岸23ヵ所に点在していた取水口が国営事業として1ヵ所に統合され、「横江頭首工」が造られて安定した。用水は横江頭首工右岸側より取水し、3キロメートル下流の「両岸分水工」で常願寺川右岸の常東用水（立山町、舟橋村）と左岸の常西用水（富山市）のそれぞれ7本の水路に正確に等しく分水され、流域8,000ヘクタールの耕地を潤している。

左岸へは水路橋により導水する。左岸連絡水路橋は設置後約50年が経過し老朽化したが、平成20（2008）年に再整備が完成した。下部が水路、上部が管理用道路の長さ138メートルのダブルデッキ式三連コンクリートアーチ橋で、高欄は戦国武将・佐々成政（さっさなりまさ）の家紋をイメージした菱形の箱抜きが飾る。「豊水橋」の名で親しまれ、昭和の建造当時の面影を残す美しい水路橋が常願寺川を横切っている。分水工の正面中央には尖山（標高559メートル）も見え、豊水橋と周辺景観とがうまくマッチしている。晴れた日には水路橋の背後に立山連峰が望め、春は新緑と残雪、秋は紅葉と新雪が織りなす絶景が楽しめる。

常東用水と常西用水に配水する「両岸分水工」。下流から眺めると中央に尖山を望める景観も見事

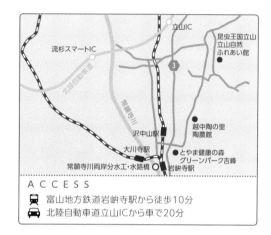

ACCESS
🚌 富山地方鉄道岩峅寺駅から徒歩10分
🚗 北陸自動車道立山ICから車で20分

オススメ周辺情報

昆虫王国立山 立山自然ふれあい館
（たてやままたてやま）

里山食堂で地域の恵みを実感できる

地域食材を生かした「里山食堂」（11:00〜14:00）を土日祝に開催し、山菜そば定食や地元産古代米カレーなどが好評。タケノコの収穫やサツマイモ掘りなど体験メニューも多い。

DATA ☎076-462-8555 営10:00〜16:00 料500円（展示室）休火曜 所富山県中新川郡立山町四谷尾177 交北陸自動車道立山ICから車で15分 Pあり MAP P55

越中陶の里 陶農館
（えっちゅうすえ）（さと）（とうのうかん）

陶芸と農業の関わりの深さを知る

400年以上の歴史がある越中瀬戸焼と農業の「陶農一体」とする文化を今に伝える。陶芸体験（有料）もでき、近隣の田舎暮らし体験施設「リフレしんせと」の予約もここでできる。

DATA ☎076-462-3929 営9:00〜16:00 料見学無料、陶芸体験手ひねりコース1100円〜 休火曜（祝日の場合は営業、翌日休）所富山県中新川郡立山町瀬戸新31 交北陸自動車道立山ICから車で10分 Pあり MAP P55

とやま健康の森 グリーンパーク吉峰
（よしみね）

雄大な立山連峰の絶景を堪能できる

90ヘクタールの園内にはキャンプ場やコテージ、バーベキュー場、パークゴルフなどの施設を完備。立山連峰を一望できる展望台からの絶景や天然温泉は旅の疲れを癒してくれる。

DATA ☎076-483-2828 営10:00〜21:00（温泉）、その他施設により異なる 料入浴料620円 休温泉は無休、キャンプやバーベキューは12〜3月休 所富山県中新川郡立山町吉峰野開12 交北陸自動車道立山ICから車で15分 Pあり MAP P55

富山県砺波市・小矢部市

鷹栖口用水 🍁
<small>たかのすくち</small>

美しい散居村を潤す
340年の歴史が息づく用水路

散居村で名高い砺波平野は、かつての水稲一辺倒から米以外の作物も生産する豊かな農地へと姿を変えた。そこには、時代を超えて扇状地を潤す鷹栖口用水の恩恵があった。

暴れ川だった庄川の扇状地
農家が散在して周囲を開墾

　富山県西部の砺波平野は、山間部から流れ下る大河、庄川（しょうがわ）と小矢部川（おやべがわ）によって形成された扇状地である。実り豊かな砺波平野に、屋敷林に囲まれた家々が無数に点在する「散居村」の景観は、壮大なスケー

ルと美しさで見る者を圧倒する。

　庄川は古来、氾濫を繰り返した暴れ川であった。水害で荒地が広がっていた扇状地に開墾の手が入り始めたのは約500年前とされる。扇状地は耕作できる地表土が薄く、下には砂利や小石が堆積している。このため、開拓に入った人々は周りより少し高くて地表土が厚いところを選んで家を建て、その周囲に田を開いた。農家が散在する特有の形態は、こうした扇状地ゆ

えの開拓事情に由来する。

水稲一辺倒から多彩な作物へ
砺波平野の農業を支え続ける

　鷹栖口用水は、洪水や水不足を解消するため延宝7（1679）年に完成した用水路で、庄川合口堰堤から取水し、37キロメートルの水路を経て約1,000ヘクタールの耕地を潤して小矢部川へ流れ込む。しかし、長い年月を経て施設は老朽化した。さらに、近年の都市化の進展などにより排水の流出形態も変化して、局地的な豪雨や台風のたびに水路から水が溢れ出すようになった。田畑の冠水や住宅地の浸水が起こるたびに水路の改修が行われ、中でも平成元（1989）年から20年近い歳月を費やした水路改修事業は、扇状地の高透水性地盤を利用して、小さな容量でも洪水調整が可能な「浸透型洪水調整池」を併設した全国でも稀有な工事であった。

　かつて水稲の単作地帯だった砺波平野は、米の生産調整にも取り組み、日本一のチューリップ球根栽培をはじめ、種もみ、りんご、たまね

ぎ、富山県産新ブランド米「富富富（ふふふ）」など、多彩な農作物の産地へと生まれ変わった。この地に豊穣をもたらし続ける鷹栖口用水は平成18（2006）年、疏水百選に認定された。

300年以上の歴史を持ち、美しい散居を潤す鷹栖口用水

ACCESS
🚗 北陸自動車道砺波ICから車で10分
🚃 JR城端線砺波駅から車で5分

疏水・湧水

鷹栖口用水　富山県砺波市・小矢部市

オススメ周辺情報

チューリップ四季彩館
しきさいかん

1年中チューリップが咲く

富山県の花・チューリップの歴史や文化が学べるミュージアム。四季彩館では独自の栽培技術で1年中チューリップの花が楽しめる。併設カフェのちゅーりっぷソフトもオススメ。

DATA ☎0763-33-7716 営9:00〜18:00 料310円（チューリップフェア期間中はフェア入場料に含まれる）休展示入替等による休館日 所富山県砺波市中村100-1 交JR砺波駅から徒歩15分 Pあり（チューリップフェア期間中は有料）MAP P57

散居村展望台
さんきょそん

日本の原風景を堪能できる

屋敷林に囲まれた家々が点在する砺波平野の散居村を標高約400メートルから眺められる。訪れる時間や時期によって変化する景観は美しく、何度も訪れるリピーターもいるほど。

DATA ☎0763-33-1111（砺波市商工観光課）営見学自由 料無料 休12〜3月 所富山県砺波市五谷160 交北陸自動車道砺波ICから車で20分 Pあり MAP P57

農家レストラン大門
おおかど

砺波の食を存分に味わえる

築120年の古民家を改装した店内では、大門素麺や大門庄川のゆず、砺波のたまねぎなど地元産にこだわった料理を振る舞っている。郷土料理のよごしも人気メニュー。

DATA ☎0763-33-0088 営11:00〜14:00、17:00〜22:00（夜は2日前までに要予約）休無休 所富山県砺波市大門165 交北陸自動車道砺波ICから車で8分 Pあり MAP P57

神奈川県小田原市・足柄下郡箱根町

荻窪用水

<ruby>荻<rt>おぎ</rt>窪<rt>くぼ</rt></ruby>用水

人力で17個のトンネルを掘った
山間部を流れる用水路

小田原市北西部の荻窪用水は、箱根の険しい山間を抜け、荻窪へとつながる全長10.3キロメートルの農業用水路。水路の途中には水車小屋があり、のどかな日本の原風景が広がっている。

山を越えた難工事で
荻窪村を稲作の地に

荻窪用水は、江戸時代後期に小田原藩の普請として築かれた用水路だ。水不足で水田の少なかった荻窪村に水を引くために、川口廣蔵が中心となって開削したと伝えられている。足柄下郡箱根町の早川から取水した水を、山を越えて

荻窪地内まで運んでおり、総延長は約10.3キロメートルにのぼる。険しい山間を抜けるため、人力で大小17個ものトンネルを掘る難工事が行われた。幾多の困難を乗り越えて、享和2（1802）年に完成したという記録が残っている。

荻窪用水の完成後、荻窪村の水田は約2.5倍に増え、小田原に大きな恵みをもたらした。今でも荻窪用水は滔々と流れ続け、地域農業を支

えるだけでなく、小田原の歴史を学ぶ貴重な資源となっている。

懐かしき日本の原風景や水車小屋を後世に

荻窪用水にはかつて野生のメダカが生息しており、昭和25（1950）年に童話作家の茶木滋が、荻窪用水の小川で息子と交わした会話をもとに童謡『めだかの学校』を作詞したとされている。『めだかの学校』はNHKのラジオ番組で放送され、日本中で多くの人々に親しまれる歌となった。歌が生まれた美しい風景を後世に

荻窪用水は箱根町湯本の取水口から小田原市荻窪を結び、人々の心を和ませ、小田原に大きな恵みをもたらした

残すべく、小田原市では舞台となった荻窪用水の脇にメダカを放流した「めだかの学校」を開校し、メダカが生息できる環境づくりを進めている。水路脇には散策路も整備され、市民の憩いの場となっている。

荻窪用水にはかつて精米に使われていた水車小屋が現存し、子どもたちが郷土について学ぶ貴重な教材にもなっている。明治13（1880）年には荻窪用水を利用した水車小屋が19軒あったが今は1軒が残存するばかりとなり、日本の原風景ともいえる懐かしい姿を今にほうふつさせている。

ACCESS
🚊 JR小田原駅西口から徒歩15分
🚗 小田原厚木道路荻窪ICから車で5分

オススメ周辺情報

山縣水道水源地

庭園に水を引く自家用貯水池

明治の元勲・山縣有朋が別荘古稀庵の庭園に水を引くため明治42（1909）年に造った長さ1,860メートルある自家用水道の貯水池。明治期にコンクリートで造られた貴重な土木遺産。

DATA ☎0465-33-1521（小田原市観光課）営散策自由 所神奈川県小田原市 交小田原厚木道路小田原西ICから車で13分 Pなし MAP P59

めだかの学校 発祥の地

荻窪用水で誕生した童謡

童謡『めだかの学校』は昭和25（1950）年にNHKが作詞家・茶木滋に依頼し、荻窪用水周辺の農家まで買い出しに長男と出かけ、その時交わした会話が歌詞の元になっている。

DATA ☎0465-33-1521（小田原市観光課）営散策自由 所神奈川県小田原市荻窪453-2 交小田原厚木道路荻窪ICから車で5分 Pなし MAP P59

小田原城址公園

季節の花が彩る小田原のシンボル

小田原城の天守閣がそびえる城址公園には城門（馬出門、銅門、常盤木門）があり、小田原城と小田原の歴史が学べる。忍者を体験できるNINJA館（歴史見聞館）は外国人にも人気。

DATA ☎0465-23-1373（小田原市小田原城総合管理事務所）営入園自由、一部施設は有料 料無料 休無休 所神奈川県小田原市城内地内 交JR小田原駅から徒歩10分 Pなし（周辺に民間駐車場あり）MAP P59

滋賀県東近江市

五箇荘金堂 ✿

条里制と用水路が生み出した
湖東の歴史的景観

五箇荘金堂は伝統的な農家住宅と近江商人の本宅が美しい町並みを見せる建造物群だ。
家々は地区内を走る水路から自在に水を引き込み、豊かな生活用水が暮らしを彩った。

条里制の地割に沿って
寺院や農家を配置

　湖東平野のほぼ中央に位置する五箇荘金堂は、江戸時代後期から昭和時代前期にかけて呉服や綿・絹製品を全国に販売した近江商人発祥の地で、商人の本宅と伝統的な農家が混在する歴史的な景観を形成している。

　この辺りは古代から神崎郡の中心地の一つだったと考えられ、今も地区内の道路や農地の地割には当時の条里制の名残が見られる。江戸時代初期には幕府領に、貞享2（1685）年から明治4（1871）年までは大和郡山藩の領地となり、元禄6（1693）年に陣屋が置かれた。大和郡山藩は条里制の地割をベースに、陣屋を中心に三方に弘誓寺・勝徳寺・安福寺を配置。その周辺に農家が集まり、さらにその外側に水田が

広がる集落が構成された。農家住宅には茅葺屋根の主屋と納屋を持つ伝統的な形式が見られる。地区内には鈴鹿山脈の伏流水を利用した用水路が走る。農業以外にも利用され、農家や商人の本宅では「川戸（かわと）」や「洗戸（あらいと）」などで水路の水を引き込み、屋根をかけ、生活水や防火用水として利用した。現在、水路には観光客向けに錦鯉が放流されている。

日本庭園を配した
豪壮な商人屋敷

　幕末以降は多くの商人を輩出し、明治13（1880）年には全戸数の3分の1に当たる67戸が呉服などを扱う商業に従事した。商人は商いに成功しても郷里を離れず、金堂に豪壮な本宅を構えた。板塀で囲まれた敷地には、切妻造りや入母屋造りの主屋を中心に数寄屋風の離れや土蔵・納屋が建てられ、池や築山を取り入れた日本庭園を配している。13店舗の百貨店を経営した「中江準五郎邸」、糸の製造販売で財をなした「藤井彦四郎邸」などは内部を公開している。

　平成10（1998）年に国の重要伝統的建造物群保存地区に選定された。屋敷や町並みは平成30（2018）年10月から放送されたNHK連続テレビ小説『まんぷく』のロケにも使用された。

白壁の土蔵と清らかな水路が調和し、優れた歴史的景観が広がる。秋は明治や大正時代の衣装で街並みを歩く「時代絵巻行列」が行われ、多くの人で賑わう

ACCESS

🚗 名神高速道路八日市ICから車で20分

🚆 近江鉄道湖東近江路線五箇荘駅から徒歩25分

オススメ周辺情報

百済寺
（ひゃくさいじ）

聖徳太子ゆかりの紅葉が美しい寺

湖東三山の一つで、聖徳太子が百済人のために創建したと伝わる近江最高級寺院。81ヘクタールの樹木に覆われた境内は「日本紅葉百選」に選ばれ、特に秋は多くの人が訪れる。

DATA ☎0749-46-1036 営8:00〜17:00 料500円 休無休 所滋賀県東近江市百済寺町323 交名神高速道八日市ICから車で20分 Pあり MAP P203 B-2

瓦屋禅寺
（かわらやぜんじ）

瓦造りに由来する古刹

四天王寺を建立する際に山中の土を使用して瓦を10万8,000枚焼かせたことからこの名が付いた。境内にある建造物のうち7棟が国有形登録文化財に指定され、見どころも多い。

DATA ☎0748-22-1065 営9:00〜16:00 料1500円（座禅体験、抹茶・菓子付） 休無休 所滋賀県東近江市建部瓦屋寺町436 交名神高速道八日市ICから車で16分 Pあり MAP P61

太郎坊
（たろうぼう）

勝負運にあやかりたい方はここへ

1400年前から勝利と幸福を授ける神様を祀る。巨大な岩や奇岩が多く、本殿前には左右に分かれた「夫婦岩」があり、幅80センチの間を通り抜けると願いがかなうといわれている。

DATA ☎0748-23-1341 営9:00〜17:00 料無料 休無休 所滋賀県東近江市小脇町2247 交名神高速道八日市ICから車で15分 Pあり MAP P61

広島県東広島市

三永の石門（みながのいしもん） ❀

市民の声で復活した
石造アーチ式水路橋

国道の付け替え工事で分断される農業用水路を通すために築造されたのが三永の石門だ。役目を終え、一時は撤去が決まったものの、地域住民の願いが通じ移築された。

切り石を板石で巻く
独特の工法

　三永の石門は幅11.7メートル、アーチ部幅員3.7メートル、長さ9.6メートルの石造アーチ式水路橋である。切り石で組み上げたアーチ部の周囲を薄い板石で巻く独特の石積み工法が用いられている。これには装飾的な効果のほ

か、盛り土によって生じる加重を分散させる役割もあると考えられている。このような構造のアーチ橋は他に例を見ない。
　完成は明治15（1882）年である。明治9（1876）年に国道2号の付け替え工事が計画された際、計画路線上にあった農業用水路が開削工事によって分断されるため、道路の上に水路を渡すために築造された。当初は長い石材を用いて桁橋を架けたが、石の重さに耐えられず

失敗したため、石造アーチ式水路橋に変更され、建設には5年の歳月を要した。竣工後は橋の下を国道が走り、上部が水路兼歩道として使われ、以降、国道沿いの名所として親しまれてきた。

いったん解体されるも約40年前に現在地に

その後、昭和51（1976）年、国道2号の拡張工事に伴い撤去が決まり、翌年いったん解体されたが、地域住民から保存を求める声が多く寄せられたことから、昭和53（1978）年に元の位置から約100メートル離れた現在地に記念碑として移設され、現在は誰でも自由に見学できるようになっている。平成10（1998）年には、国の登録有形文化財に登録された。

5キロメートルほど離れた場所にある「三永水源地」も堰堤が国の登録有形文化財で、湖水や堰堤が美しく、桜や藤棚も見ごたえがある。毎年3月中旬から5月上旬にかけて一般公開されているので、あわせて訪れたいスポットだ。近隣にある福成寺では4月下旬から5月

上旬にかけてさまざまな色のシャクナゲが咲きそろい見頃を迎える。

石を組み上げた独特の石積み工法が間近で観察できる

ACCESS
🚗 東広島呉自動車道上三永ICから車で1分
🚃 JR山陽本線東広島駅から車で10分

オススメ周辺情報

三永水源地
（みなが）

藤と桜の名所としても知られる

貯水池のほとりには藤棚や桜並木があり、毎年開花期間中は一般に無料開放され、多くの人が訪れる。呉市上下水道局三永水源地堰堤は国の登録有形文化財となっている。

DATA ☎0823-26-1604（呉市上下水道局経営企画課）営9:00〜16:30 料無料 休無休（3月下旬〜5月上旬まで開放）所広島県東広島市西条町下三永 交山陽自動車道西条ICから車で15分 Pあり MAP P63

西条酒蔵通り
（さいじょうさかぐら）

酒のまち・西条に五感でふれる

東広島市の西条は、兵庫の灘、京都の伏見と並ぶ銘醸地の一つ。白壁やなまこ壁の酒蔵と赤レンガの煙突は独特の風情があり、現在も7軒の蔵元が酒造りを続けている。

DATA ☎082-420-0941（東広島市観光振興課）営散策自由 所広島県東広島市西条 交JR西条駅から徒歩すぐ Pなし MAP P63

美酒鍋
（びしゅなべ）

日本酒を使った地元の名物鍋

酒都西条に伝わる郷土料理で豚肉や鶏肉、野菜などを日本酒と塩、こしょうだけで調理する。シンプルな鍋なので素材本来の旨みを感じられる。もともとは蔵人のまかない飯だった。

DATA ☎082-420-0310（東広島市観光協会）所広島県東広島市西条酒蔵通り周辺 交JR西条駅から徒歩5分

大分県竹田市

明正井路第一拱石橋 🍁
めいせいいろ　　　　きょういしばし

国内最大規模の
6連石造りアーチ水路橋

高千穂へと通じる県道沿いに、緒方川をまたぐ6連の石造りアーチ水路橋がある。連数、長さともに国内最大級で、流域の緒方地域を県内有数の穀倉地帯に変えた。

工事の難航に資金不足
幾多の困難を乗り越えて

　明正井路は、大分県竹田市から豊後大野市までをかんがいする用水路で、明治から大正にかけて造られたため「明治」と「大正」を合わせて「明正」の名が付けられた。幹線部分の総延長は48キロメートルで、そこから分派した用

水路の延長は約127キロメートルにも達し、かんがい面積約2,323ヘクタール、開田面積約402ヘクタールという広大な面積を潤している。

　明正井路の延長上には多くの川や谷があり、水路をつなぐために大小17基もの水路橋が築かれた。その中で最も大規模なものが、大正8（1919）年に完成した明正井路第一拱石橋である。正式名称を明正井路一号幹線一号橋とい

い、全長78メートル、幅2.8メートル、水路橋としては国内最大規模の石造りアーチ橋で、6連のアーチ上に4段の石壁を積み通水部を築造した重厚な構造が特徴だ。

　明正井路は緒方川のかなり上流から引水したために、険しい山を抜ける長い隧道や、川をまたぐいくつもの水路橋を築く必要があり、大変な難工事となった。さらに、資材の高騰による資金不足で何度も工事が休止され、設計の責任者だった矢島義一技師が自ら命を絶つ事件も発生した。幾多の苦難を乗り越えて、明正井路は大正13（1924）年に完成した。

6連アーチ上に4段の石壁を積んで通水部を築造した重厚な造りが特徴となっている

石造りの圧倒的な存在感 流域は豊かな穀倉地帯に

　明正井路が完成すると、流域一帯は県内でも有数の穀倉地帯に生まれ変わった。明正井路第一拱石橋は現在も現役で緒方地域の水田を潤している。石造りアーチ橋の端正で重厚な姿は月日がたっても衰えることなく圧倒的な存在感を放っている。

ACCESS
🚃 JR豊後本線豊後竹田駅から車で20分

オススメ周辺情報

瀧廉太郎記念館

国民的作曲家の生涯にふれる

『荒城の月』を作曲し、23歳で急逝した瀧廉太郎の生涯を直筆の譜面や手紙など貴重な展示物とともに紹介している。廉太郎が少年時代を過ごした旧宅を記念館として公開。

DATA ☎0974-63-0559 営9:00～17:00 料300円 休無休 所大分県竹田市竹田寺町2120-1 交JR豊後竹田駅から徒歩10分 Pなし MAP P65

神の里交流センター緒環

里山の恵みを実感できる

祖母山麓の豊かな自然と暮らし、文化を体験できる交流施設。食事処では野草のてんぷらや山野草を使用したお茶など山の恵みを堪能できる。産直コーナーや木工体験も人気。

DATA ☎0974-67-2288 営9:00～18:00、11:00～15:00（レストラン）休火曜 所大分県竹田市神原1931 交JR豊後竹田駅から車で20分 Pあり MAP P202 B-3

温泉療養文化館 御前湯

心も体もリフレッシュできる名湯

江戸時代から湯治場として賑わい、「飲んで効き、長湯して効く長湯のお湯は、心臓胃腸に血の薬」と伝わる、日本有数の炭酸ガス含有温泉。露天風呂や家族風呂と湯も多彩。

DATA ☎0974-64-1400 営6:00～21:00 料500円 休第3水曜 所大分県竹田市直入町長湯7962-1 交大分自動車道湯布院ICから車で50分 Pあり MAP P202 B-3

宮崎県えびの市

享保水路太鼓橋

<ruby>享<rt>きょう</rt>保<rt>ほう</rt>水<rt>すい</rt>路<rt>ろ</rt></ruby>太鼓<ruby>橋<rt>ばし</rt></ruby>

水路の流失を防いだ
石造りのアーチ橋

飯野平野を潤す水路の途中で有島川を横断する、そのために架けられたのが享保水路太鼓橋である。石造りのアーチ橋が周辺の田園風景とよくなじんでいる。

幅員8.8メートル
水路の両脇に農道

　この太鼓橋は、飯野平野の水田、150 ヘクタールを潤している享保水路の一部として有島川に架かる。全長は 58 メートル、幅員は 8.8 メートル。農道としての役割も兼ねており、橋の中央にある幅 1.6 メートルの水路の両脇には、人が行き来できるようにそれぞれ幅 3.5 メートルと、幅 4.5 メートルの通行スペースが設けられている。

　周辺の田園風景に溶け込む太鼓橋は 110 ×
50 × 50 センチメートルの石を積み上げて造られている。壁石は勾配を付けて積み上げられ、勾配の途中に段差が設けられる珍しい形である。平成 16（2004）年 3 月、国の登録有形文化財に認定された。

大雨に弱い
木樋の代わりに整備

川内川上流から取水し、総延長6.8キロメートルに及ぶ享保用水路は享保17（1732）年に完成した。端山寺の僧が農民のために水利事業を思い立ち、村民の総意を得て、私財を投じて建設したと伝えられている。

太鼓橋の詳しい築造年は不明だが、各種史料を総合すると、用水の完成から約120年後の寛永3（1850）年頃に造られたと推測される。当初は現在地から200メートルほど上流に設

享保水路太鼓橋は今も用水路兼農道として市民に活用されている

けた木樋を使って有島川を横断させていたが、大雨のたびに流失したため、太鼓橋が築造された。完成後は安定的に多量の水を通すことができるようになった。

明治33（1900）年の上方普通水利組合設立により、用水路の管理が可能になり、現在は上方土地改良区が施設管理を担っている。

太鼓橋の300メートル下流には昭和3（1928）年に架けられた「月の木川橋」がある。石造りの3連アーチ橋で通称めがね橋として親しまれ、こちらも国の登録有形文化財なので、見学の際は併せて訪問したい。

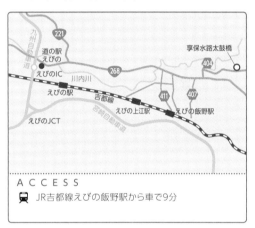

ACCESS

🚉 JR吉都線えびの飯野駅から車で9分

オススメ周辺情報

クルソン峡

巨石と清流が織りなす渓谷美

川内川の最上流部に当たる延長10キロメートルの峡谷には巨大なクルソン岩がそそり立っている。渓谷美は四季を通じて美しく、水は透明度が高く、渓流釣りの名所としても有名。

DATA ☎0984-37-2663（えびの市観光協会）営散策自由 所宮崎県えびの市大字大河平 交九州自動車道えびのICから車で30分 Pなし MAP P202 B-3

道の駅えびの

霧島連山を望むレストランも好評

九州自動車道えびのICすぐそばにあり、地元産の新鮮な農産物やフルーツ、ブランド牛の宮崎牛、加工品などが揃う。霧島連山を眺められるレストランのバイキングも人気。

DATA ☎0984-35-3338 営9:00〜18:00　食堂は11:00〜15:00（夜は予約制）休第3火曜 所宮崎県えびの市大字永山1006-1 交九州自動車道えびのICから車で1分 Pあり MAP P67

白鳥温泉上湯

古き良き温泉の姿をとどめる

征韓論に敗れた西郷隆盛が3カ月間滞在し、心身を癒しに訪れた歴史ある温泉。市街地を一望できる露天風呂や木の香りに包まれた木製の天然蒸し風呂など風情ある湯を楽しめる。

DATA ☎0984-33-1104 営7:00〜20:00 料310円 休第1火曜 所宮崎県えびの市大字末永1470 交九州自動車道えびのICから車で25分 Pあり MAP P202 B-4

埼玉県幸手市

権現堂川用水路樋管 🍁
ごんげんどうがわ　　　　　ひかん

明治の近代化を象徴する
煉瓦造りの美しき樋門

埼玉県の権現堂川用水路には、全国的にも珍しい煉瓦造りの樋門が現存する。その背景には、煉瓦工場を誘致し地場産業に育て上げた深谷の歴史があった。

煉瓦の地場産業化を狙い
樋門の改築に使用

　権現堂川用水は、明治25（1892）年に開削された農業用水。取水水門である「新圦（しんいり）」は、地場産業である深谷製の煉瓦で造られている。高価な煉瓦が全面に使われている背景には、深谷出身の渋沢栄一が、地元に誘致

した国内有数の煉瓦工場を埼玉県の地場産業として育て上げようとする狙いがあった。

　順礼樋管は天保12（1841）年に権現堂堤に埋設された樋管で、設置当初は木製だった。設置の目的は、排水問題に苦慮していた上流の島中領内の悪水を権現堂堤の堤内に導き、用水として再利用することであったが、度重なる水害で決壊を繰り返していた。明治31（1898）年に木造から煉瓦造りへと改造されたものの、同

年と翌年の洪水で大破した。現存する樋門は昭和8（1933）年に完成したコンクリート製で、高欄に装飾が施されている。

　新圦は権現堂川用水の取水口であり、明治38（1905）年に改築された際に、深谷産の煉瓦が使われた。のちに、水源の権現堂川が廃川となったため水源が利根川へと変更され、新圦はその役目を終えた。現在は使用されていないものの保存状態がよいため、順礼樋管とともに貴重なかんがい遺産として訪れる人も多い。

春、夏、秋、冬と彩り豊かな花に包まれ、多くの人が訪れる憩いの場となっている

県内屈指の桜の名所
水仙など四季の花々も

　現在、順礼樋管の欄干から中川方面を見渡すと現代的な行幸水門が眺望でき、煉瓦造りの権現堂川用水新圦との対比が楽しめる。順礼樋管のある権現堂堤は県内屈指の桜の名所である。堤の斜面には四季折々の花が植えられ、夏にはあじさいまつり、秋には曼珠沙華まつり、冬には水仙まつりが開かれるなど、一年を通して多彩なイベントが開催されている。

ACCESS
🚗 首都圏中央連絡自動車道幸手ICから車で7分
🚃 東武鉄道日光線幸手駅から徒歩で30分

オススメ周辺情報

幸手権現堂桜堤（さってごんげんどうさくらつつみ）

100万人が訪れる花見の名所

約1,000本のソメイヨシノが長さ約1キロメートルの堤に沿って桜のトンネルをつくる。初夏にはあじさい、秋は曼珠沙華、冬は水仙と四季折々の花が楽しめるスポット。

DATA 📞0480-43-1111（幸手市観光協会）営散策自由 料無料 所埼玉県幸手市大字内国府間887-3 交首都圏中央連絡自動車道幸手ICから車で7分 Pあり MAPP69

岸本家住宅主屋（きしもとけじゅうたくしゅおく）

江戸時代末期の面影を色濃く残す

旧日光街道にある木造2階の趣ある佇まいに幸手宿の往時をしのぶことができ、現在は古民家カフェとなっている。かつて醤油醸造業を営み、明治33（1900）年パリ万博で銅賞を受賞している。

DATA 📞0480-43-1111（幸手市観光協会）所埼玉県幸手市中2-1-92 交東武鉄道日光線幸手駅から徒歩5分 Pなし MAPP69

ハッピーハンド

あの有名人の手も発見!?

幸手市の名にちなみ「幸せの手」をテーマに（一社）幸手青年会議所が市民に感動や幸せを与えてくれた人を投票で選び、その人の手形のモニュメントを市役所内、東さくら通りなどに展示。

DATA 📞0480-43-1111（幸手市商工観光課）営見学自由 料無料 休無休 所埼玉県幸手市東4-6-8幸手市役所内 交東武鉄道日光線幸手駅から徒歩15分 Pあり MAPP69

愛知県名古屋市

庄内用水元圦樋門（たたき樋門群）

しょうない　もといりひもん

伝統的な左官の技術が生み出した
堅固で安価な人造石工法

名古屋市守山区に、日本の伝統的な左官の技術「たたき」を応用して建造された樋門がある。100年以上の歳月を経ても変わらぬ姿で、当時の左官技術の高さを物語っている。

航路としても活用された
最大規模のたたき樋門

　江戸時代まで、樋門の多くは木で造られていたが、愛知県には日本の伝統的な左官の技術「たたき」で造られた樋門群が存在する。「たたき（三和土）」とは、赤土や砂利に消石灰とにがりを混ぜて塗り固める伝統的工法で、これに改良を

加えて土木工事に利用できるようにしたのが、愛知県出身の左官である服部長七だった。自然石とたたき練り土を組み合わせて構造物を作る「長七たたき」は、水密性があり非常に堅固で「人造石」とも呼ばれた。石積みよりも簡単に構造物が成形でき、高価なセメントと違って工事費が安いという利点があった。

　名古屋市にある庄内用水元圦樋門は、現存するたたき樋門の中では最大規模を誇る。明治初

期に開削され、明治43（1910）年に人造石工法で改築された。

庄内用水元杁樋門には農業用水としての役割に加えて、木曽川沿いの犬山から名古屋へ木材などを運ぶ舟通しの役割もあった。樋門のトンネル部分は上部がアーチ状で最高部の高さは流す水の量よりかなり高い3.2メートルになっている。これは、樋門を通る舟と船頭の身長を考慮して設計されたものと考えられる。狭いトンネル内では竿で舟を操れないため、トンネルの壁にはところどころに鉄の輪が付いていて、船頭はこの輪に下げられた鎖を引っ張って舟を進めた。

在は庄内用水に沿って遊歩道が整備され、憩いの場として市民に親しまれている。

コンクリートの強度に匹敵する人造石を採用して改築された樋門

100年前と変わらぬ姿で 明治の貴重な文化遺産に

昭和63（1988）年に新しい樋門が造られ、庄内用水元杁樋門はその役割を終えたが、明治の貴重な文化遺産として保存され、平成5（1993）年には名古屋市の都市景観重要建築物等に指定された。

人造石工法で造られた貴重な樋門として、現

ACCESS

🚃 名古屋鉄道小牧線味鋺駅から徒歩13分
　名古屋市営地下鉄上飯田駅から徒歩15分

オススメ周辺情報

瀬戸の古井戸
せ　こ

戦後の名古屋の暮らしに貢献

昭和23（1948）年元杁樋門近くに戦後の水量確保のため直径6メートルの井戸が掘られ、地下水をくみ上げた。現在はその役目を終えたが、そのまま残っている。

DATA　所愛知県名古屋市守山区瀬戸 交名古屋鉄道味鋺駅から徒歩14分 Pなし MAP P71

御用水 黒川
ごようすい くろかわ

名古屋城下の繁栄を支えた

御用水は名古屋城の築城から約50年後、庄内川の水を城内へ引き入れるために掘られた水路。現在は埋め立てられ、御用水跡街園となっている。並行する黒川周辺は染物工場が今も残る。

DATA　TEL 052-917-6433（名古屋市北区役所地域力推進室）営散策自由 所愛知県名古屋市北区上飯田 交名古屋高速道路黒川ICから車で4分 Pなし MAP P71

有松・鳴海絞会館
ありまつ なるみしぼり

東海道随一の人気みやげ

絞りの町有松は江戸時代に絞り開祖竹田庄九郎らによって誕生した。以後、尾張藩により特産品として保護され、手ぬぐいや浴衣が人気のみやげ品となった歴史が学べる。

DATA　TEL 052-621-0111 営9:30～17:00（実演は～16:30）料300円 休無休、絞りまつり前後は休み、臨時休館有 所愛知県名古屋市緑区有松3008 交名古屋鉄道有松駅から徒歩5分 Pあり MAP P204 A-3

福島県会津若松市

戸ノ口堰洞穴 🍁
とのくちせきどうけつ

白虎隊悲話の舞台となった
飯盛山の水路トンネル
いいもりやま

戸ノ口堰洞穴は猪苗代湖から会津若松に水を引くために、飯盛山に掘られた長さ約150メートルの水路トンネルだ。戸ノ口原の戦いで破れた白虎隊が潜り抜け、悲話の舞台にもなった。

猪苗代湖から会津若松へ
200年越しの開削事業

　戸ノ口堰は猪苗代湖北西岸から会津盆地へ水を引く全長31キロメートルの用水堰。元和9(1623)年、八田野村の肝煎（きもいり）だった八田内蔵之助が、猪苗代湖から水を引いて村の周りに広がる原野を開墾したいと考え、会津藩

に工事を願い出た。一度は開削が始まったものの財政難で工事が中止されたため、八田内蔵之助は私財を投じて工事を進め、寛永13(1636)年に八田野村まで通水させた。その後も開削は続けられ、寛永15(1638)年に鍋沼に到達。元禄6(1693)年には会津若松まで到達し、会津藩に大きな恩恵をもたらした。

　それから140年後の天保3（1832）年、会津藩が戸ノ口堰の大改修に乗り出し、鶴ヶ城と

城下町に安定して水を供給するため、最後の関門だった飯盛山を約150メートルにわたって掘り抜いた。約5万5,000人を動員し、天保6（1835）年に戸ノ口堰洞穴は開通。最初の着工から200年以上の歳月をかけて、猪苗代湖と会津若松を結ぶ一大事業が完成した。

会津若松の歴史を物語る
白虎隊ゆかりの観光地に

戸ノ口堰洞穴は、戊辰戦争の際に戸ノ口原で敗れた白虎隊が飯盛山を目指して潜り抜けたことで知られている。白虎隊は幕末期に、会津藩

5万5,000人もの人夫を動員して大改修を行った堰

の16歳から17歳の少年で編成された。戦況の悪化により退却する途中、城の安否を確かめるために冷たい水の流れる戸ノ口堰洞穴を潜り抜けて飯盛山に登ったが、煙に包まれた城下を目にし、自刃した。白虎隊の悲劇は後世に広く語り継がれ、飯盛山の中腹にある白虎隊士の墓には今も献花が絶えない。

戸ノ口堰洞穴のある飯盛山は現在、会津若松市を代表する観光地となっており、県内外から毎年多くの人が訪れる。頂上からは戸ノ口堰用水の流れる市内が一望でき、遠くには鶴ヶ城が見える。

ACCESS
🚗 磐越自動車道会津若松ICから車で15分
🚃 JR磐越西線会津若松駅から車で5分

戸ノ口堰洞穴　福島県会津若松市

オススメ周辺情報

さざえ堂

多くの参拝者を迎える知恵に驚く

寛政8（1796）年飯盛山に建立された六角三層のお堂で国重要文化財。内部の西国三十三観音を巡拝するための階段が木造建築では珍しいらせん状になっている。

DATA ☎0242-22-3163 営8:15～日没（12～3月は9:00～16:00）休無休 所福島県会津若松市一箕町八幡滝沢155 交磐越自動車道会津若松ICから車で15分 Pなし（周辺に市営駐車場あり）MAP P73

十六橋水門
（じゅうろっきょうすいもん）

福島県民の暮らしを守る

明治政府の国営事業で猪苗代湖の唯一の吐出口として、湖面の水位調整やかんがい用水、上水、発電用水などに安定的に取水を行うため明治13（1880）年に建設された。

DATA ☎0242-96-5280 営見学自由 所福島県会津若松市湊町赤井戸ノ口30-2-31 交磐越自動車道磐越河東ICから車で10分 Pあり MAP P205 A-4

道の駅あいづ

地元産にこだわる農家レストラン

会津盆地の新鮮な野菜や果物、会津地域の選りすぐりの加工品や民芸品などが並ぶ。地元会津野菜のサラダバーが自慢の農家レストランは多彩なメニューで好評。

DATA ☎0241-27-8853 営9:00～19:00（12～3月は～18:00）休2月第3水曜 所福島県河沼郡湯川村大字佐野目字五丁ノ目78-1 交磐越自動車道会津若松ICから車で15分 Pあり MAP P205 A-4

静岡県裾野市

<ruby>深<rt>ふ</rt>良<rt>か</rt></ruby>用水 🎐

芦ノ湖の豊富な水を
静岡側の深良川へトンネルで導水

深良用水は江戸時代初期、芦ノ湖の湖水を静岡県側へ流すため、ノミと金槌で湖尻峠の地下を両側からかんがい用トンネルとして掘られた。出合地点の誤差はわずか1メートルだった。

溶岩流の土地では
米が作れなかった

　江戸時代の初めまで、富士山の溶岩流という特異な土地と格闘した深良の農民たちは、地表を流れる水を確保できず、農業だけでなく、生活用水にも苦労を強いられていた。こうした過酷な自然環境ゆえ、大量の水が不可欠な米作り

は限られた土地でしか行えなかった。
　そのころ、何とかして米の収量を高めようと、箱根に満々と水をたたえる芦ノ湖の水を郷土へ導くことを夢見たのが深良の名主・大庭源之丞（おおばげんのじょう）だった。江戸浅草の商人・友野与右衛門（とものよえもん）に工事を依頼したところ、与右衛門は新田開発の経験を持ち、甲州流の土木技術にも通じた人物で、早速工事の準備に取り掛かり資金を集めた。

寛文6（1666）年、トンネル工事は深良側から開始され、次いで芦ノ湖側からも掘り進められた。3年半の歳月と莫大な費用、労力を費やし、寛文10（1670）年春に湖尻峠の地下に長さ1,280メートルのかんがい用トンネルが完成した。トンネルが貫通した際、両側から掘ってきたにもかかわらず合流地点の高低差はわずか1メートルだったとされるが、この誤差発生にも諸説あり、水流を調整するためあえて段差を残したともいわれている。

広大な地域が 用水の恩恵を受ける

深良用水の完成により、恩恵を受けたかんがい面積は御殿場市の一部、裾野市域、長泉町、清水町に及ぶ5,247平方キロメートルにわたり、郷土の水田は大幅に増加した。

現在も深良用水は、農業用水はもとより、防火用水や水力発電にも利用され、地域に必要不可欠な社会基盤として利活用されている。平成26（2014）年9月に「世界かんがい施設遺産」に登録されたことを機に、地元深良地区は毎年通水の時期に合わせて「深良用水まつり」を開催して用水の恵みに感謝し、先人の偉業をたたえ、地域の活性化を図っている。深良用水の下穴口はいつでも見学ができる。

裾野市民文化センター2階では深良用水特別展が開催され、用水の変遷の様子を振り返ることができる

ACCESS
🚌 JR御殿場線岩波駅より車で10分
🚗 東名高速道路裾野ICから車で20分

オススメ周辺情報

富士サファリパーク（ふじ）

日本最大級の規模を誇るサファリ

のびのびと自由に暮らす動物と大接近できるサファリゾーンは、車や園内バスで巡る。ふれあいゾーンや夜の動物を観察するナイトサファリも子どもたちに人気がある。

DATA ☎055-998-1311 営9:00～16:30（11/1～3/10は10:00～15:30）料2700円 休無休 所静岡県裾野市須山字藤原2255-27 交東名高速道路裾野ICから車で15分 Pあり MAP P204 B-3

屏風岩（びょうぶいわ）

急速に溶岩が固まり特異な姿に

景ヶ島渓谷の下流に位置する景勝地。富士山の噴火による溶岩が冷える際に収縮してできる柱状節理が高さ約10メートル、幅約70メートルにわたり特異な景観をつくり出している。

DATA ☎055-995-1825 所静岡県裾野市十福 交東名高速道路裾野ICから車で10分 Pあり MAP P75

すその水ギョーザプレミアム（すい）

栄養満点のブランド餃子

裾野市特産の「モロヘイヤ」を皮に練り込んだ餃子。具材も地元産にこだわり、「田場沢産タケノコ」や「すそのポーク」を使用。市内のJAや店舗などで購入できる。

DATA ☎055-928-7007（協同組合うみゃあもん工房）所静岡県裾野市内のJAや店舗で販売

愛知県豊田市

明治用水頭首工 とうしゅこう 🍁

「日本のデンマーク」を開いた用水は
今も地域発展を支える大動脈

明治用水は不毛の台地を農業先進地帯に変えた。それを可能にしたのが用水の取水口である頭首工の近代化である。駆使されたのは川の水勢に耐える優れた土木技術だった。

矢作川の水が潤す
西三河の洪積台地

　水田に適さず「不毛の地」とさえ呼ばれた愛知県西三河地方の洪積台地、碧海（へきかい）台地は、矢作川から取水した明治用水によって美田に生まれ変わり、「日本のデンマーク」と謳われた農業先進地帯へと変貌した。現在、明

治用水は本流を含め5つの幹線水路からなり、西三河の安城市を中心に8市にまたがる8,000ヘクタールの農地を潤し、工業用水にも利用され、地域発展を支える大動脈である。

　矢作川から用水路へ取水するための頭首工は人造石によって造られた。セメントが普及するまでの代用左官材であった人造石は「長七たたき」とも呼ばれ、当地出身の服部長七が生み出した。風化花崗岩（まさ土）と石灰と水を混ぜ

5万5,000人もの人夫を動員して大改修を行った堰

て突き固めたもので、切石布積みの裏込めなどに用いられた。明治用水頭首工は、この人造石工法の最盛期の構造物である。

人造石を用いた
頑丈な取水堰を建設

　明治用水は、幕末に都築弥厚(つづきやこう)が起草し、維新後、愛知県の積極協力もあり、明治13(1880)年に通水が開始された。しかし旧式の導水堤に過ぎなかった取水口は洪水の不安があり、取水量の増量も強く求められ、明治34(1901)年、矢作川を横断するアーチ型の取水堰を建設することになった。服部長七が請け負った長さ116メートルの人造石による

取水堰堤工事はいち早く完成し、その後の付属施設の工事を経て明治42(1909)年に頭首工が完成した。

　矢作川は降雨時には激しい流れとなり、堰堤はたびたび被害を受けた。その都度補修を繰り返し、水勢を食い止めるため人造石が塗り重ねられた。こうして50年にわたって明治用水の取水堰を果たしてきた頭首工は昭和38(1963)年、下流に鉄筋コンクリート造りの新たな頭首工ができてその役目を終えた。現存するのは右岸側の導水堤の一部と左岸側の排砂門柱、船通閘門のみとなっている。

ACCESS
🚗 伊勢湾岸自動車道豊田東ICから車で3分
🚃 愛知環状鉄道末野原駅から車で5分

オススメ周辺情報

香嵐渓のカタクリ
こうらんけい

春を知らせ、山を彩る可憐な花

飯盛山の斜面約0.5ヘクタールに3月下旬から4月上旬にかけて薄紫色の可憐なカタクリの花が咲く。近くには炭焼きや紙漉きの実演・体験ができる三洲足助屋敷もある。

DATA ℡0565-62-1272(豊田市足助観光協会) 営散策自由 料無料 休無休 所愛知県豊田市足助町飯盛 交東海環状道豊田勘八ICから車で20分 Pあり(500円) MAP P204 A-3

松平郷
まつだいらごう

徳川家のルーツを学ぶ

徳川家康の祖松平氏の発祥地といわれ、松平東照宮や松平城址など松平氏ゆかりの史跡が多く残っている。春はサクラ、夏はショウブやアジサイ、秋の紅葉の名所でもある。

DATA ℡0565-85-7777(ツーリズムとよた) 営10:00～15:00 料無料 休無休(天下茶屋・松平郷館は水曜) 所愛知県豊田市松平町 交東海環状道豊田松平ICから車で15分 Pあり MAP P204 A-3

道の駅どんぐりの里いなぶ

宿場町の賑わいを今も感じる

かつて塩の道と美濃街道の交わる宿場町として栄えた稲武の風情を感じる道の駅。岡崎の八丁味噌や飯田の果物、山岡の寒天、新城のお茶など各地の特産品が揃う。

DATA ℡0565-82-3135 営9:00～17:00(土・日曜・祝日は～18:00)※施設により異なる 休木曜(祝日の場合は翌日)※横丁のみ4～11月は無休 所愛知県豊田市武節町針原22-1 交東海環状道豊田勘八ICから車で45分 Pあり MAP P204 A-3

鹿児島県姶良市

<ruby>獺<rt>うそ</rt></ruby><ruby>貫<rt>ぬき</rt></ruby>の<ruby>切<rt>きり</rt></ruby><ruby>通<rt>とお</rt></ruby>し ✿

金づちとノミで掘り抜いた
切通しの水路トンネル

水不足に悩む農民の姿に隧道掘削を思いついた一人の郷士が立ち上がった。工事は難航し、協力者は誰もいなくなったものの、郷士はたった独りで工事を成し遂げた。

水に乏しく稲は枯れ
農民は苦しい生活

鹿児島湾の北に位置する姶良（あいら）市加治木（かじき）町木田には「獺貫の切通し」と呼ばれる長さ218メートルの隧道（ずいどう）の水路がある。江戸時代初頭の寛文3(1663)年、木田地区に水を引くため、郷士の池田助右衛門が完成させた。

木田地区は、かんがい用水に乏しく、わずかな日照りでも稲苗は枯死し、農民は苦しい生活を送っていた。「水不足を何とかして解消したい」。助右衛門は、獺貫の滝の上部から水を引けば木田の全平野を潤すことができると考え、加治木の領主に願い出た。許可が下り、万治2(1659)年、隧道の掘削工事が始まった。当初は村民も奮って工事に協力したが、岩石が非常

に硬く、金づちとノミではほとんど歯が立たず、工事は一向に進まなかった。このため、一緒に汗を流す者は徐々にいなくなり、やがて資金も底を突き、ついに助右衛門は孤立してしまった。

私費を投じ掘削に成功
急速に進んだ新田開発

当時、村人の多くが「この工事は失敗して中断するだろう」と遠巻きに見ていたが、助右衛門はその後も私費を投じ、一人で隧道の掘削を続けた。やがて、3年7カ月をかけ、ついに掘削を成功させると、水不足に泣かされていた隧道出口にある木田の地に見事な滝が流れ落ち

4年がかりの手作業で完成させたトンネルのおかげで水田開発が可能になった

た。村民は誰もが驚喜し、総出で下流の水路（木田用水路）を築いた。これにより地区の新田開発は急速に進み、木田は6,000石の収穫を上げるようになったとされる。

明治44（1911）年、地区の隈媛（くまひめ）神社境内に「獺貫碑」が建立され、池田助右衛門の功績が碑文に刻まれた。しかし、これだけの大きな土木工事を一人の郷士の力だけで進めたとは考えにくい。別の歴史資料では、土木技術に長けた人材として工事は確かに池田助右衛門が担当したが、資金面は加治木島津家の重臣・曾木家が負担したと記されている。

ACCESS
🚗 九州自動車道加治木ICから車で10分

オススメ周辺情報

龍門滝
りゅうもんたき

中国人が絶賛した名滝

高さ46メートル、幅43メートルの龍門滝は「日本の滝百選」に選定されている。昔、中国人が滝を見て「漢土の龍門の滝を見るが如し」と称賛したことが名前の由来になっている。

DATA ☎0995-66-3145（姶良市商工観光課）営散策自由 所鹿児島県姶良市加治木町木田5266-1 交九州自動車道加治木ICから車で5分 Pあり MAP P79

隈媛神社
くまひめ

今も語り継がれる隈姫の悲話

島津義弘の夫人だった隈姫が、島津家と相良家が不和となり、離縁させられ、川に投身自殺したという。義弘公がこれを哀れみ、宝現寺を建て、神仏分離令でこの名に改められた。

DATA ☎0995-66-3145（姶良市商工観光課）営参拝自由 料無料 休無休 所鹿児島県姶良市加治木町木田4283 交九州自動車道加治木ICから車で10分 Pあり MAP P79

龍門司坂
たつもんじざか

薩摩の経済・文化の発展に役立つ

明治10（1877）年、西南の役で西郷隆盛率いる薩摩軍が熊本へ向かう際にここを通った。石畳みの坂は寛永12（1635）年に着工し、100年余りで完成したと言われている。

DATA ☎0995-66-3145（姶良市商工観光課）営散策自由 所鹿児島県姶良市加治木町木田5088-1 交九州自動車道加治木ICから車で5分 Pあり MAP P79

岩手県盛岡市

<ruby>鹿妻穴堰<rt>かづまあなぜき</rt></ruby> 🍁

腕利きの<ruby>金山師<rt>かなやまし</rt></ruby>が開削した
南部藩を支える御用水堰

川にせり出す岩山に穴を開け、暴れ川の水を農地へと導く鹿妻穴堰は、金山師・鎌津田甚六の英知によって築かれた。この水路は南部藩を支える御用水堰として大切にされ、地域農業に光明をもたらした。

岩に穴を開けて水を引き
周辺一帯を米どころに

　約420年前、三戸（青森県）から不来方（盛岡市）に居を移した南部氏26代の信直公は、南部藩の安定を図るために水田耕作地域の拡大を志し、優れた技術を持つ金山師の鎌津田甚六に、北上盆地北部をかんがいする農業用水路の

開削を命じた。甚六は思案の末に、現在の盛岡市西側から流れ来る水量豊富な雫石川に着目。慶長4（1599）年、雫石川の上流にせり出していた「剣長根の岩山」と呼ばれる堅い岩に穴を掘って流れを分岐させ、南部藩御用水堰の開削に成功した。

　この御用水堰は、盛岡市南西部に位置する旧鹿妻村方向へ水路を開いたことから、鹿妻の名が冠せられた。「鹿妻」の語源については、ア

イス語で「はるかな所」という意味の「カッツイマ」が訛り「カヅマ」となったとする通説がある。

　鹿妻穴堰の開削により、かつて荒地だった一帯は米どころへと姿を変えた。その後も水路の拡大や新しい堰の建設工事が重ねられ、盛岡市、矢巾町、紫波町の約4,600ヘクタールの農地を潤している。

保全活動で数々の受賞
自然と一体の風景も魅力

　鹿妻穴堰はその歴史的価値や地域の農業振興に果たした役割が評価され、平成18（2006）年、疏水百選に認定された。水源涵養（かんよう）林の保育管理にも力が注がれ、昭和62（1987）年には緑化推進功労により内閣総理大臣表彰を受賞、活発な広報活動やアドプト活動により、全国土地改良事業団体連合会の21世紀土地改良区創造運動大賞も受賞している。

　毎年春になると、頭首工直下流の水路周辺では、地域の小学生らが植樹した桜が満開になり、頭首工の赤い屋根と、周辺水辺公園の花、

遠方の岩手山が一体となった美しい風景が現れる。5月初旬には農業用水の取水量が最大となり、毎秒15トンの水が水路に流れる迫力ある様子が楽しめる。

上は岩に穴を掘った旧鹿妻穴堰頭首工。現在、鹿妻穴堰の水路は37路線あり、全長は約131キロメートルにも及ぶ

ACCESS

🚗 東北自動車道盛岡ICから車で10分

オススメ周辺情報

鹿妻神社（かづま）

水の恵みへの感謝をささげる

水の神様「罔象女神（みずはのめのかみ）」と、かつて荒地だったこの地に用水を引いた鎌津田甚六（かまつだじんろく）を祭神とし、毎年8月30日に例大祭が行われる。

DATA ☎019-656-4488 営境内自由 休拝観自由 所岩手県盛岡市猪去田面野木46 交東北自動車道盛岡ICから車で10分 Pあり MAP P81

産直 あいさい舘

作り手とのふれあいを楽しめる

のどかな里山にある産地直売所。鹿妻穴堰の水で作られた朝採りの新鮮野菜を中心に、地元で生産した季節ごとの農産物を「安全・安心・安価」で提供し、地元の人にも愛されている。

DATA ☎019-659-0022 営9:00～18:00（12～3月は～17:00）休第1・3月曜、臨時休業あり 所岩手県盛岡市上鹿妻山崎41-1 交東北自動車道盛岡ICから車で8分 Pあり MAP P81

神子田朝市（みこだ）

盛岡の素朴なグルメに出会える朝市

盛岡周辺の生産者が集まり、新鮮な野菜や果物が並ぶ朝市。年間315日開催され、行列ができる郷土料理の店や昔懐かしいラーメンなどの名物も多く、連日賑わっている。

DATA ☎019-652-1721 営5:00～8:30 休月曜（5～12月は月曜が祝日の場合開催）所岩手県盛岡市神子田町20-3 交東北自動車道盛岡南ICから車で15分 Pあり MAP P205 A-3

山形県寒河江市

二の堰 🍁

寒河江に実りをもたらした
古くから残る取水堰

大江氏の居城だった寒河江城の堀に水を引き込むために造られた二の堰は、新田開発にも利用されて、この地方の発展の基礎をつくった。

寒河江城の堀から
始まった新田開発

　二の堰は、山形県の中央部、サクランボで名高い寒河江市を流れる寒河江川から取水した水を農業用水として利用するために築かれた堰である。最初に造られたのは建久年間（1190年頃）とされ、最上川水系の河川施設としては最

も古い。約600年前、寒河江城主の大江氏が城の改修に当たり堀に大量の水が必要となり、寒河江川右岸から新水路を掘って造った。

　現在は住宅地となり城跡に石碑が残るのみだが、大江氏時代の寒河江城は、いわゆる戦国の城郭時代より早く、天守閣や石垣を設けない平城で、本丸の周囲には矩形の堀が三重に張り巡らされていた。本丸は幅14メートルの堀に守られ、その外側の二の丸は幅15メートルの堀

に囲まれ、さらに外側に存在した三の丸の外周を幅16メートルの外堀が囲んでいたという。二の堰から引き込んだ豊富な水は三重の堀を満たし、これをかんがいにも利用して周囲の新田開発が進められ、寒河江地方に大きな実りをもたらす礎となった。

二の堰親水公園は学びと憩いの場

寒河江川の清流は冷たく、そのまま田んぼに引き込むと稲の生育に悪影響が出るとされる。このため、太陽の力で温められるように二の堰の水路幅は広く、ゆっくりと流れるように工夫されている。寒河江川用水として「疏水百選」に選ばれた二の堰用水路の一部は「二の堰親水公園」として遊歩道が整備され、美しい景色とともに訪れる人々に憩いの場を提供している。遊歩道脇には「あずまや」や「水車」があ

「二の堰さくらまつり」ではカヌー体験や桜のライトアップが行われる

る。2棟の水車小屋では水力による発電と粉ひきが見学できる。その下流には「自然水族館」があり、階段を下りて川の中の様子が見られる。

二の堰を訪れるなら4月中旬から下旬にかけての頃がよい。遠く残雪の蔵王連山を望む親水公園付近には桜並木が続き、「二の堰さくらまつり」が行われる。以前は農家だけで維持管理を行っていたが、今では市内の企業や団体、ボランティアなど500人を超える人が草刈りや清掃活動を行い、美しい景観を維持している。

ACCESS
🚗 山形自動車道寒河江ICから車で10分

オススメ周辺情報

本山 慈恩寺
（ほんざん じおんじ）

東北随一の巨刹

奈良時代に聖武天皇の勅命によって天平18（746）年に開基した古刹。境内には重要文化財の本堂をはじめ三重塔や山門など日本の仏教信仰の歴史的にも価値の高いものが立ち並ぶ。

DATA ☎0237-87-3993 営8:30〜16:00 料700円 所山形県寒河江市慈恩寺31 交山形自動車道寒河江ICから車で15分 Pあり MAP P205 A-4

道の駅寒河江チェリーランド
（さがえ）

さくらんぼ王国の魅力を発信

世界12カ国のさくらんぼ107種類130本をはじめ寒河江の果樹が植栽され、来場者の目を楽しませている。さくらんぼの名産品が揃い、アイスクリームを求めてやってくるお客も多い。

DATA ☎0237-86-3111 営9:00〜18:00（季節により異なる）休無休 所山形県寒河江市八鍬字川原919-8 交山形自動車道寒河江ICから車で10分 Pあり MAP P83

冷たい肉そば

鶏尽くしの故郷の味

寒河江でそばといえば「冷たい肉そば」が一般的。鶏ダシで醤油味に鶏肉とコシの強い田舎蕎麦がよく合う。鶏肉は親鳥を使用し、コリコリした食感もたまらない。

DATA ☎0237-86-8866（寒河江市観光物産協会）所山形県寒河江市内 HP https://sagae-kanko.com/

福島県福島市

西根堰 にしねぜき 🌼

400年前に福島盆地北部を
豊穣の地に変えた堰

西根堰は400年にわたって地域を潤す2本の農業用水だ。開削には銀山の採掘技術や旧武田家の家臣がもたらした高度な測量技術、土木技術が用いられている。

用水路は銀山採掘で
培った技術の粋

　西根堰は江戸時代初期に造られた農業用水路で、約26キロメートルの上堰（うわせき）と約12キロメートルの下堰（したせき）の2本からなる。飯坂町の摺上川から取水し、桑折町や国見町、伊達市を経て福島盆地北部の1,400ヘク

タールの農地をかんがいして阿武隈川に注ぐ。
　最初に整備されたのは下堰である。この辺りは西根郷と呼ばれ、農業に適した肥沃な土地だったが、用水が不足し、農民は苦労を強いられていた。関ヶ原の戦いの敗北により会津120万石から米沢30万石に減封された上杉景勝が収入源を新田開発に求め、開削を手がけ、家臣の佐藤新右衛門が元和4（1618）年に用水を完成させた。下堰の完成後も山沿いの農地などに

福島県出身の漫画家・宍戸左行が描いた「西根堰開鑿之図」

は水が行き届かなかったため、上杉定勝が古河善兵衛と佐藤新右衛門に命じ、寛永元（1624）年上堰の工事に着手し、寛永9（1632）年に完成させた。

上堰の開削は堅い岩に隧道を掘る難工事で、桑折町にある半田銀山の鉱夫や技術が活用された。できるだけ遠くまで水を運べるように大変緩い勾配で造られている点も特徴の一つだ。高度な測量技術と土木技術は旧武田家の家臣によってもたらされた。

県や国の事業でより安定的に用水確保

県営西根堰地区かんがい排水事業によって昭和35〜45（1960〜70）年から上堰、昭和48〜57（1973〜82）年から下堰が改修され、より安定した用水の確保と円滑な用水配分が実現

した。さらに平成17（2005）年には国土交通省が摺上川ダムを整備し、用水の確保や治水面でも改良が図られた。

平成23（2011）年からは西根堰沿いのコースを利用したノルディックウオーキング大会が

西根堰沿いはウォーキングコースとして地元の幅広い人が利用している

秋に実施されている。西根堰周辺には水田・果樹地帯が広がり、花の季節から果物の収穫まで秀麗な景色や多彩な果物の味覚を味わうことができる。

ACCESS
🚗 東北自動車道福島飯坂ICから車で15分
🚋 福島交通飯坂線飯坂温泉駅から徒歩7分

オススメ周辺情報

西根神社（にしね）

西根堰の尽力者をたたえる

西根堰の開削に尽力した古河善兵衛と佐藤新右衛門の二人を祀る。農民たちが両氏の徳を称えるため、西根郷33村4,231人の発願で明治20（1887）年に建立された。

DATA ☎024-542-6474 営参拝自由 料無料 休無休 所福島県福島市飯坂町湯野字高畑？ 交東北自動車道福島飯坂ICから車で15分 Pあり MAP P85

旧伊達郡役所（だてぐん）

ロマンチックな建築物

明治16（1883）年に建てられた擬洋風建物で国指定文化財。西根堰を管理する水利組合の事務所も一時同施設内にあり、半田銀山の鉱具や鉱石類も展示されている。

DATA ☎024-582-5507（桑折町文化記念館）営9:00〜17:00 料無料 休月曜（祝日の場合は火曜）、祝日の翌日 所福島県伊達郡桑折町字陣屋12 交東北自動車道福島飯坂ICから車で17分 Pなし MAP P85

レガーレこおり／ピザスタ

旬のフルーツピッツァが好評

幼稚園舎をリノベーションした桑折町の魅力を発信する「レガーレこおり」。館内レストラン「PizzaSta」では旬の地元果物や野菜などがトッピングされた本格石窯ピッツァが人気。

DATA ☎024-572-3216 営11:00〜20:00（平日は15:00〜17:00まで休憩あり）休月曜 所福島県伊達郡桑折町大字下郡字下郡前5-2 交東北自動車道福島飯坂ICから車で20分 Pあり MAP P205 A-4

和歌山県岩出市

岩出頭首工 ✤

いわでとうしゅこう

流失した4つの取水口を
1カ所に統合した井堰

和歌山平野の実りは古い歴史を持つ4つの堰に支えられていた。ところが昭和28（1953）年の大水害で流失し、失われた取水堰を束ねるように岩出頭首工が造られた。

古くから使われていた
簡素な4つの井堰

　岩出市清水地区にある岩出頭首工は、和歌山県の一級河川紀の川から農業用水を取水するため、昭和32（1957）年、国によって建設された堤高2.9メートル、長さ258.2メートルの可動堰である。箱型コンクリートを水中に沈めた

ケーソン基礎の上に鉄筋コンクリートの躯体を立ち上げ、洪水吐4門、土砂吐3門と魚道2カ所を備えている。
　古来、米作りとともに発達した紀の川の取水堰は、石と木材を組み合わせた木工沈床を主体とした簡単な構造であり、江戸時代から清水地区の近接する場所から水を取っていた宮井、小倉井、四箇井、六箇井の各堰も同様に簡単な造りだった。これら4つのうち宮井堰が最も歴

史が古く、古代紀州の豪族・紀氏（きいし）を祀る日前（ひのくま）神宮が支配していた区域を流れる水路で、昭和23（1948）年時点で1,411ヘクタールの水田をかんがいしていた。小倉井堰は同時点で325ヘクタール、四箇井堰は375ヘクタールをかんがい、六箇井堰はしばしば取水場所を微妙に変更したが、754ヘクタールの水田に紀の川の水を引いて和歌山平野の稲作を支えていた。

水害で堰はすべて流失
国営事業となった統合堰建設

ところが、昭和28（1953）年7月18日の集中豪雨による「紀州大水害」が起こり、続いて9月24、25日には台風13号が紀伊半島を襲っ

国営災害復旧事業で鉄筋コンクリート構造の頭首工に生まれ変わった

て紀の川が氾濫、相次いだ水害によりすべての堰が流失した。この被災に対して和歌山県はただちに県営災害復旧事業計画を練ったが、この災害以前に発足していた国営十津川・紀の川総合開発事業の一つとして井堰の統合が計画されていたため、井堰の統合、復旧事業を国営事業として取り組んだ。事業主体も和歌山県から農林省へ移され、昭和32（1957）年に現在の岩出頭首工ができた。

江戸時代から人の営みに寄り添った4つの堰は岩出頭首工にまとめられ、農業用水はこの堰の左右両岸から取水している。

ACCESS

🚌 JR和歌山線岩出駅から徒歩5分

オススメ周辺情報

新義真言宗総本山 根來寺

中世の遺構が多く残る古刹

高野山の学僧だった覚鑁上人によって開創された新義真言宗の総本山。国宝の「大塔」や大師堂など多くの文化財があり、年間を通じて県内外から多くの人が訪れている。

DATA 📞0736-62-1144 営9:10～16:30(11～3月は～16:00) 料入山料500円 休無休 所和歌山県岩出市根来2286 交京奈和自動車道岩出根来ICから車で3分 Pあり MAPP203 B-2

和歌山県植物公園緑花センター

多彩な花々に囲まれた至福の空間

10.2ヘクタールの敷地には熱帯・亜熱帯の観葉植物が鑑賞できる温室やバラ園、アジサイ園、浮見堂が浮かぶハス池、パノラマ花壇など年間を通じて植物を楽しめる。

DATA 📞0736-62-4029 営9:00～17:00 料入園無料 休火曜(祝日の場合は翌日) 所和歌山県岩出市東坂本672 交京奈和自動車道岩出根来ICから車で4分 Pあり MAPP203 B-2

道の駅ねごろ歴史の丘

根來寺の歴史が分かる

史跡根來寺の最盛期から現在までの変遷の様子を紹介した「ねごろ歴史資料館」や和歌山のみやげ品が並ぶ物販コーナー、ご当地グルメを楽しめる飲食施設などが揃う。

DATA 📞0736-61-1170 営9:00～17:00(ねごろ歴史資料館) 休火曜(祝日の場合は営業)店舗により異なる 所和歌山県岩出市根来2020-1 交京奈和自動車道岩出根来ICから車で2分 Pあり MAPP203 B-2

岡山県総社市

湛井堰 <small>たたいぜき</small> 🌸

白蛇のお告げで築造した
中世の井堰が起源

湛井堰は岡山県下でも最大のかんがい規模と古い歴史を持つ十二ヶ郷用水の取水を
目的に高梁川（たかはしがわ）に設けられた。起源は平安時代にまでさかのぼる。

平安時代の武将が
現在地に設置

　総社市を流れる高梁川にある湛井堰は、上原
井領堰（かんばらいりょうぜき）とともに合同
堰として昭和40（1965）年に完成した。ここ
から引き込まれた水は十二ヶ郷用水を通じ、約
1万2,000ヘクタールの農地を潤している。

　ちなみに十二ヶ郷用水の名は、刑部郷・真壁
郷・八田部郷・三輪郷・三須郷・服部郷・荘内
郷・加茂郷・庭瀬郷・撫川郷・庄郷・妹尾郷（現
在の総社市南東部、岡山市西部、倉敷市北東部、
岡山市南西部）の12カ所の農園に配水したこ
とに由来する。

　湛井堰の歴史は古い。もともとは現在地より
も600メートルほど下流にある六本柳に井堰
が設けられていたが、川の流れが西側に移動し

平安時代末期、平氏の武将妹尾太郎兼康によって改修されたと伝えられている

の人々が分担して田植え前に取水口にたまった土砂を取り除き、丸太で作った底枠の中に川石を詰めていく方法で堰を築いた。このため堰が設けられている間はたとえ江戸幕府の御用船であっても船の通行は禁じられ、秋になって用水の水が不要になると船や砂を通すために堰を取り払った。

　堰や用水の管理は室町時代末期から、十二ヶ郷の村々の代表による合議で自治的に行われ、明治時代以降は湛井十二箇郷組合がその役割を担うようになった。湛井堰を見下ろす権現山には井神社・兼康神社が建てられている。

てしまい、用水の取り入れが難しくなったことから、寿永元（1182）年に今の場所に移設された。

　堰の築造をめぐっては、雨の少ない年に米や野菜がとれないことに悩んでいた武将の妹尾太郎兼康が堰をどこに造るべきか迷っていた際、1匹の白蛇が川を横切るのが見え、これを神様のお告げととらえ、この場所に堰を築造したという伝説が残っている。

春になると農民が堰を築造

　現在の合同堰が築造されるまでは、十二ヶ郷

ACCESS

🚌 JR総社駅から車で5分

🚗 岡山自動車道岡山総社ICから車で15分

オススメ周辺情報

井神社（兼康神社）

湛井堰と用水路の完成に感謝

湛井堰を見下ろす権現山の山腹に水の神様を祀る井神社と平安末期に十二ヶ郷用水を整備した妹尾兼康を祀る兼康神社が建てられ、今も水の恵みに感謝する人が訪れる。

DATA ☎0866-92-8296（湛井十二箇郷組合）営境内自由 料無料 休無休 所岡山県総社市井尻野 交岡山自動車道岡山総社ICから車で15分 Pあり MAP P89

鬼ノ城

謎多き古代山城

吉備津彦命の温羅（うら）退治の伝説でも有名な古代山城。大和朝廷によって国の防衛のために築かれたとされ、鬼ノ城ビジターセンターでは復元の過程や出土品なども見学できる。

DATA ☎0866-99-8566（鬼城山ビジターセンター）営見学自由 料無料 休無休 所岡山県総社市総尾1101-2 交岡山自動車道岡山総社ICから車で20分 Pあり MAP P203 A-2

農マル園芸吉備路農園

家族みんなで楽しめる観光農園

いちご狩りや石窯を使ったピザ焼き体験などが楽しめる中国四国地方最大級の総合観光農園。花や野菜の直売所や摘みたてのフルーツを使ったソフトクリームが来園者に喜ばれている。

DATA ☎0866-94-6755 営9:00～18:00（1～2月は～17:00）、芋ほり体験9～10月、いちご狩り1～5月 休無休 所岡山県総社市西郡411-1 交岡山自動車道岡山総社ICから車で10分 Pあり MAP P89

高知県香美市

やまだぜき
山田堰 🌸

土佐藩執政の野中兼山が
物部川に築いた斜めの堰
ものべがわ

山田堰は儒学者で土佐藩の重臣だった野中兼山が新田開発のため築造した取水堰だ。暴れ川としても有名だった物部川に大量の石材や松材を運び、25年の歳月を費やし完成させた。

四半世紀かけて築かれた
大規模な湾曲斜め堰

　山田堰は江戸時代、土佐三大河川の物部川に築かれた取水堰だ。土佐藩執政の野中兼山が藩の石高を上げるために、現在の香美（かみ）市土佐山田町神母ノ木（いげのき）から対岸の小田島にかけて川を堰き止め、長さ327メート

ル、幅11メートル、高さ1.5メートルの湾曲した斜め堰を築き上げた。寛永16（1639）年に着工し、完成したのは寛文4（1664）年。大量の石材と松材を使い、完成までに25年の歳月を費やす大掛かりな工事だった。

　物部川から引かれた水はいったん堰でとどまって、そこから上井（うわゆ）、中井（なかゆ）、舟入（ふないれ）と呼ばれる3つの井筋を通って香美市、南国市、高知市介良（けら）に配水

され、高知平野に広く行き渡る。流域は現在、水田面積約1,400ヘクタールに及ぶ穀倉地帯となっている。

　山田堰では毎年春、田植えのための代かきを始める前に「川干（かわひ）」と呼ばれる水止めが行われる。3月1日から9日まで、3つの井筋に注ぐ水門を閉めて流れを止め、地元住民による水路の清掃や修繕が行われる。この作業を「田役（たやく）」と呼び、昭和30年頃には山田堰自体の修繕も地元住民の手で行われていた。川干が終わると、田植えの準備が始まる。

田植えの終わった水田に 名入りの旗がなびく初夏の景

　現在は、上流に造られた合同堰が新たな取水堰として使用され、山田堰は長い役目を終えた。山田堰の一部は、物部川緑地に整備された山田堰記念公園に復元遺構として残り、地域の人たちの憩いの場となっている。端午の節句の頃になると、青空の下、高知ならではのフラフと呼ばれる名入りの旗が鯉のぼりと一緒に上げられる。田植えを済ませた水田の中で、色鮮や

かなフラフが鯉のぼりと一緒にはためく光景が、高知に初夏の訪れを告げる。

昭和30年ごろは住民が清掃や修繕など維持管理をし、地元で人気の釣り場でもあった

ACCESS

🚌 JR土讃線土佐山田駅から車で10分

オススメ周辺情報

道の駅「南国風良里」(なんこくふらり)

土佐の名産品に出会える

JA直売所や土佐の味覚を楽しめるカフェレスト、焼酎や打刃物など土佐のみやげ品も充実。地元農家の女性部が週1日だけ営業する「農家レストランまほろば畑」も好評。

DATA ☎088-880-8112 営9:00〜18:00 休奇数月の火曜のうち1日 所高知県南国市左右山102-1 交高知自動車道南国ICから車で3分 Pあり MAPP203 A-3

天然の湯 ながおか温泉

1日くつろげる日帰り温泉

地下水を汲み上げる天然温泉はとろっと肌になじみ、露天風呂やうたせ湯など多彩な湯が楽しめる。敷地内にあるカフェ「はたけの食堂copan」も地元野菜を使ったメニューが人気。

DATA ☎088-864-6300 営10:00〜22:00 料900円 休第2水曜（祝日の場合は第3水曜休） 所高知県南国市下末松106 交高知自動車道南国ICから車で5分 Pあり MAPP91

JAファーマーズマーケットとさのさと

生産者の熱い思いを感じる

葉菜から山菜などの新鮮な地元野菜や柑橘系フルーツ、県内で水揚げされた魚介類など高知自慢の食材が豊富に揃う。高知グルメやスイーツを楽しめるレストランも魅力的。

DATA ☎088-878-8722 営9:00〜19:00 休無休、1月1日〜4日は休み 所高知県高知市北御座10-46 交高知自動車道高知ICから車で5分 Pあり MAPP203 A-3

佐賀県佐賀市

石井樋
いしいび 🍁

約350年にわたり佐賀平野を見守ってきた
治水・利水施設を復元

石井樋は、かつて治水の神様と呼ばれた佐賀藩士が築造した治水・利水の複合施設だ。さまざまな構造物を組み合わせ、約350年間にわたって佐賀平野を水不足や水害から守り続けた。

佐賀城下に飲料水や
かんがい用水を供給

「石井樋」は佐賀城の築城に伴い、元和年間（1615 ～ 1623 年）に造られた日本でも最古級の治水・利水施設である。石井樋の完成によって、嘉瀬川の水を多布施（たふせ）川に導くことができるようになり、佐賀の城下町に飲料水

が供給されたほか、農業用水の乏しかった佐賀平野は水路が網目のように走る水田地帯に生まれ変わった。

築造の指揮を執ったのは治水の神様といわれた佐賀藩士、成富兵庫茂安（なりどみひょうごしげやす）で、中世から用いられてきた古い工法ではなく、石を使って水を制御する新たな技法を用いて完成させた。「大井手堰」「二の井手堰」といった堰や水路をはじめ、さまざまな機

能を持った構造物を組み合わせた複合的な施設
で、例えば、「象の鼻」「天狗の鼻」と名付けら
れた石造りの障害物には、川の水を逆流させて
勢いを弱める役割があり、これによって嘉瀬川
の水流の土砂を底に沈め、上水として使えるき
れない水にしている。二重の堤防で水をためら
れる遊水地や竹林植栽で、洪水の被害を防ぐ工
夫も凝らしている。

一時は埋没したが かつての姿を復元

石井樋は約350年間にわたって治水・利水
機能を発揮したが、昭和35（1960）年に嘉瀬
川上流に川上頭首工という取水施設が整備され
ると使われなくなり、一部を除いて土砂に埋没
してしまった。その後、石井樋を歴史的・文化
的な価値が高い土木遺産として未来に伝えよう
との機運が高まると、平成17（2005）年に石
井樋地区歴史的水辺整備事業が実施され、貴重
な遺構が発掘、復元された。

同じ年、石井樋公園では「さが水ものがたり
館」も開設された。同館では石井樋、成富兵庫

石井樋の水の流れを復元し、公園に整備されている

茂安、佐賀平野の利水についてジオラマや映像
などで学べるほか、実際に水を流して石井樋の
仕組みを体験できるコーナーもある。

ACCESS
🚗 長崎自動車道佐賀大和ICから車で5分

オススメ周辺情報

佐賀県立森林公園

人々が憩う緑いっぱいの公園

幼児用や児童用の複合遊具がある冒
険遊びの広場や芝生広場、暑い日もさ
わやかに「じゃぶじゃぶ池」で水との
ふれあいが楽しめる。ほかにも野鳥観
察所や花畑など見どころも多い。

DATA ☎0952-25-8989 営5:00～
21:00 料無料 休無休 所佐賀県佐賀市
久保田町大字徳万1897 交長崎自動車
道佐賀大和ICから車で30分 Pあり MAP
P202 B-3

道の駅 大和・そよかぜ館

干し柿ソフト目当ての人も多い

とれたての地元の新鮮野菜をリーズナ
ブルに購入できるので地元のお客さん
も多い。地元産の干し柿をふんだんに
使用した「干し柿ソフト」（そよかぜ館
限定）が人気メニュー。

DATA ☎0952-64-2296 営9:00～
18:00、管理事務所は8:30～17:00 休
無休 所佐賀県佐賀市大和町大字梅野
805 交長崎自動車道佐賀人和ICから車
で10分 Pあり MAPP93

佐賀牛レストラン季楽本店

佐賀牛を思う存分堪能できる

JAさがグループ直営の佐賀牛レストラ
ン。きめ細かく、柔らかい肉質をステー
キやしゃぶしゃぶ、せいろ蒸しなどで味
わえる。数量限定のハンバーグなどラ
ンチメニューも充実。

DATA ☎0952-28-4132 営11:00～
14:00(LO)、17:00～21:00(LO) 休第
2水曜。但し変更の場合もあり 所佐賀県
佐賀巾大財3-9-16 交JR長崎駅から徒
歩8分 Pあり MAPP202 B-3

鹿児島県鹿屋市

川原園井堰 🌸

かわはらぞのいぜき

日本に唯一残る柴堰
文化景観としても貴重

柴を使って川の流れを止め、水位を上げる柴堰は稲作の伝播以降、日本各地で活用されてきた先人の知恵だ。今では、ここ川原園井堰だけがその伝統を継承している。

1,000軒以上の農家が
米作りに活用

　鹿屋（かのや）市を流れる串良（くしら）川沿いには鹿児島県内有数の水田地帯が広がっている。この水田地帯を潤しているのが、下中地区に設けられている日本で唯一の柴堰「川原園井堰」である。柴堰とは木の枝を束ねて川幅いっ

ぱいに敷き並べ、水位を上げて用水路に水を引き込む方法だ。完全に堰き止めるのではなく、下流に適度に水を逃がしながら堰き止める環境に配慮した方法だ。かつては日本各地に設けられていたが、明治時代以降、堰を維持する農村共同体の崩壊とともに次第に姿を消していった。

　川原園井堰では毎年3月中頃、地域の人々が1週間ほどかけて山でマテバシイの木を刈り、それを竹で結んで作ったたくさんの「柴束」

を川に入って横木に立て掛け、最後に稲わらで編んだむしろを掛けて川を堰き止める。

ここから取られた水は有里用水を流れ、1,000軒以上の農家の米作りに利用され、かんがい時期を過ぎた9月上旬には堰の半分だけが取り外される。農業用水のほか、防火用水としても利用されている。

約380年続く伝統
老朽化、高齢化が課題

江戸時代初期、薩摩藩2代藩主・島津光久の時代の新田開発により、現在の場所に築かれたのが始まりとされる。当初、木杭で作られていた基礎部分は明治35(1902)年に石積みに、昭和25(1950)年にコンクリート造りに改築された。近年はコンク

3月中頃に枝を束ねて川を堰き止める住民たちの姿は春の風物詩ともなっている

リート基礎の老朽化、水に強く堰に適したマテバシイの

取得地の減少、従事者の高齢化が課題となっている。

毎春の柴掛けは文化遺産としても貴重で、平成27(2015)年に国際記念物遺跡会議(イコモス)が福岡県で開催した学術発表では日本唯一の事例として、世界の研究者から高く評価された。平成30(2018)年には川原園井堰とそこで生きる人々の姿を追った長編記録映画『柴井堰と生きる』も制作された。

ACCESS
🚗 東九州自動車道細山田ICから車で15分

オススメ周辺情報

鹿屋航空基地史料館
（かのや）

戦争の記憶を伝える

旧日本海軍創設期から第2次世界大戦までの貴重な資料が展示されている。特攻隊員の遺品や遺書も公開され、屋外には海上自衛隊で活躍した航空機が並んでいる。

DATA TEL0994-42-0233 営9:00〜17:00 料無料 休無休 所鹿児島県鹿屋市西原3-11-2 交東九州自動車道国分ICから車で90分 Pあり MAPP202 B-4

荒平天神
（あらひらてんじん）

錦江湾に浮かぶ小島へ続く社

錦江湾沿いの陸とつながる小島に建つ荒平天神は、学問の神様・菅原道真公が祀られていることから受験生もよく訪れる。潮の満ち引きや時間帯で表情を変える絶景スポット。

DATA TEL0994-31-1121(鹿屋市ふるさとPR課) 営参拝自由 所鹿児島県鹿屋市天神町 交垂水港から車で20分 Pあり MAPP202 B-4

農家民宿

田舎暮らしを気軽に体験

農業体験や地元の人との交流が楽しめる農家民宿が市内に9軒あり、自然食にこだわった宿やペット同伴OKの宿などさまざまなお客様の要望に対応できる宿が揃っている。

DATA TEL0994-41-7010(鹿屋市観光協会) 所鹿児島県鹿屋市内 HPhttp://kanoyashi-kankokyokai.jp/

佐賀県神埼市

よこたけ
横武クリーク公園 🍁

昔ながらのクリークを生かし
佐賀平野の原風景を再現した公園

佐賀平野にはクリークと呼ばれる水路が網の目のように走る。クリークは近代化で失われつつある佐賀の原風景を宿す生活遺産であり、今も横武クリーク公園に住時の姿をとどめている。

干ばつと洪水から稲を守り
地域の農業を支えた水路

　佐賀平野を縦横に流れるクリークと呼ばれる水路は、用水路、排水路、貯水池、調整池などに代わる多くの機能を兼ね備えている。佐賀平野は水田面積に対する山地面積の割合が小さく、農業用水の絶対量が乏しく、常に水不足に悩まされてきた。そこで、雨が多い時期に水をクリークにためておき、雨の少ない時期に使う工夫の一方で、洪水時にあふれる水をため込む役割や、有明海の満潮時に淡水と海水の比重の違いを利用して淡水だけを用水に取り込む役割もあった。

　クリークは地域の農業に欠かせない水利施設だったが、平成に入ると農地の大区画化が進められ、それに伴うクリークの近代化や統廃合も

行われた。以後、佐賀の原風景といえる昔ながらのクリークを後世に残そうという機運が高まり、横武クリーク公園が開かれた。

伝統家屋を復元し
昭和の暮らしを再現

横武クリーク公園は、昔ながらのクリークを生かして造られた6ヘクタールの公園で、入り組んだ水路の中に小さな島々が浮かぶ。公園の中心には、「くど造り」と呼ばれる伝統的な家屋を復元した「葦辺の館」があり、佐賀平野

の原風景が再現されている。館内には地区から提供された昭和の農具や生活用品などが展示されていて、県内の小学生の郷土学習に活用されている。

園内は多彩な樹木が植えられていて、木陰をゆっくり散策しながら地域の歴史をたどることができる。春にはヤナギやクスノキなどの木々がやわらかな新緑に覆われて、ヒシやハスの新芽が水面に浮かぶ。秋には南京ハゼやモミジが紅葉し、クスノキの緑とのコントラストが美しい。クリークにはヘラブナが放流されていて、釣りを楽しみに訪れる人も多い。

水路が入り組む様子を上空から撮影した横武クリーク公園

ACCESS

🚃 JR長崎本線神埼駅から車で10分
🚗 長崎自動車道東脊振ICから車で20分

オススメ周辺情報

神埼駅前 菜の花・コスモス
(かんざき)

観光客を華やかにお出迎え

JR神埼駅北側には秋になると約1.7ヘクタールのコスモス畑が広がり、赤、ピンク、白のコスモスが観光客の目を楽しませている。春には菜の花が咲き、一面黄色に染まる。

DATA ☎0952-53-8587(吉野ヶ里 遊・学・館) 営見学自由(菜の花:3月中旬〜4月上旬、コスモス:10月中旬〜11月上旬) 料無料 休無休 所佐賀県神埼市神埼町田道ヶ里2344-5JR神埼駅北側 交JR神埼駅からすぐ Pあり MAPP97

神埼そうめん
(かんざき)

良質な小麦の風味を堪能できる

神埼では温暖な気候と脊振山地を水源とする清流に恵まれ、古くからそうめんづくりが盛ん。小麦本来の旨みと香りを大切にしながらコシのある麺にとりこになる人が多い。

DATA ☎0952-52-1239(神埼そうめん協同組合) 所佐賀県神埼市内

神埼菱焼酎
(かんざきひししょうちゅう)

佐賀県産100％のこだわり焼酎

神埼市の特産品の菱の実(和菱)と佐賀県の米麹、脊振山系の伏流水でつくられた焼酎。菱独特の甘い香りと味わいを楽しむことができ、くせがなく、どの料理にも合うと評判だ。

DATA ☎0952-37-0107(神埼市商工観光課) 所佐賀県神埼市内で販売

愛知県犬山市

明治村機械館ゐのくち式渦巻きポンプ 🍁

めいじむらきかいかん / うずま

井口在屋の渦巻き理論で
世界に名を馳せた国産ポンプ

いのくちありや

東京帝国大学教授の井口在屋が発明し、教え子の畠山一清によって実用化された渦巻きポンプの技術は世界でも高く評価され、国産ポンプの礎となった。

性能の高さを証明し
水道ポンプ国産化を実現

東京帝国大学教授の井口在屋は明治38（1905）年、渦巻きポンプの理論をまとめた論文を発表した。論文は、遠心力を利用した渦巻きポンプの有用性を世界で初めて理論的に裏づけたもので、世界的に高い評価を受けた。

この理論を元に、井口の教え子だった畠山一清が勤め先の国友機械製作所で「ゐのくち式渦巻きポンプ」の実用化に取り組んだ。しかし、国友機械製作所が経営難に陥ったため、畠山は自ら「ゐのくち式機械事務所」を立ち上げ、ポンプの実用化と製造に尽力した。同社は後に、社名を「荏原製作所」と改め、世界トップクラスのシェアを誇るポンプメーカーに成長した。

ゐのくち式渦巻きポンプが実用化された当

98

初、日本では舶来品を崇拝する傾向が強く、水道向けポンプ市場も外国製品が独占していた。しかし、畠山は熱意と誠意をもって国産ポンプの採用を訴え続け、性能比較テストで外国製ポンプに引けを取らない性能を証明した。それが高く評価され、大正14（1925）年に日本で初めて、水道向けポンプの国産化を実現した。

価値ある機械遺産として 明治村機械館に展示

愛知県犬山市にある博物館明治村の機械館には、国友機械製作所で製作された「ゐのくち式

ゐのくち式渦巻きポンプは明治村の機械館で展示されている

渦巻きポンプ」が保存展示されている。このポンプは千葉県の桁沼揚水機場で昭和40年代まで実際に使用されていたもので、日本機械学会の機械遺産に認定されている。

博物館明治村は、明治から昭和初期の建造物64件を移築した野外博物館。四季の風景と歴史的建造物がマッチした空間に、近代日本の基盤を築いた時代の貴重な資料が多数展示されている。ポンプが展示されている機械館には、東京・新橋の機関車修復所だった「鉄道寮新橋工場」の建物が使用されている。

ACCESS
🚗 中央自動車道小牧東ICから車で5分
🚉 名古屋鉄道小牧線羽黒駅から車で10分

オススメ周辺情報

博物館明治村

明治時代をまるごと体感

重要文化財11件を含む明治期を象徴する建造物が立ち並ぶ。日本最古級の蒸気機関車や京都市電の乗車、ハイカラ衣装の記念撮影が人気。明治をモチーフにしたグルメも見逃せない。

DATA ℡0568-67-0314 営9:30〜17:00（季節により変動あり）料2,000円 休不定休 所愛知県犬山市字内山1番地 交中央自動車道小牧東ICから車で5分 Pあり（有料）MAP P99

入鹿池（いるかいけ）

日本第2位のため池

寛永10（1633）年に造られた農業用人工池で、満濃池（香川県）に次いで日本第2位の大きさを誇る。ワカサギやバスなど釣り人にも有名な人気スポットともなっている。

DATA ℡0568-67-0705（見晴茶屋池野発展会）（犬山市観光協会）所愛知県犬山市堤下 交中央自動車道小牧東ICから車で5分 Pあり MAP P99

野外民族博物館リトルワールド

世界の民族文化を楽しめる

世界中から収集した約6,000点もの民族資料を展示する本館展示室と23カ国32の家屋が立ち並ぶ屋外展示場で構成された野外博物館。世界のグルメや民族衣装の試着も人気。

DATA ℡0568-62-5611 営9:30〜17:00（季節により変動あり）料1,800円 休公式HPにてご確認ください 所愛知県犬山市今井成沢90-48 交中央自動車道小牧東ICから車で10分 Pあり MAP P204 A-3

た め 池 ・ ダ ム

農業用水を確保するため先人たちが払った努力や苦難は察するに余りある。しかし、満々と水をたたえるため池の底に眠る歴史を知る人は少ない。土堰堤の決壊から村八分にされ、積怨を耐えぬいても堅固なダム再建に生涯を賭し、郷土の明日を夢みた徳田譲甫。そんな偉人の執念の結実として現存する山口県の江畑溜池堰堤を取材した。

江畑溜池堰堤 ／山口県山口市 （本文130頁掲載）
えばたためいけえんてい

長男にダム再建の夢を
託した徳田譲甫
郷土愛に生涯を捧げた
恩人への感謝

　江畑溜池堰堤は昭和5（1930）年に造られた日本最古のかんがい用コンクリート造重力式ダムである。梅雨入り前の晴れた日、美しく水をたたえる池を堰堤から眺めながら、このダムの完成に生涯を賭けた曽祖父・徳田譲甫（とくだじょうすけ）の逸話を当代の徳田文男さんから聞いた。

　この地域は昔から水をため池に頼っていた。幕末三代にわたり井関村（現在の山口市阿知須）の庄屋を務めた徳田家は地元の有力者とともに稲作の水源となる万年溜池の築造に力を注いだが、たったひとつのため池だけで水需要を賄うことは無理だった。そこで、水不足の解消と、氾濫を繰り返す土路石（どろいし）川の治水を目的に明治22（1889）年、土製の江畑池堰堤を築いたのが譲甫だった。

　ところが、翌年6月の集中豪雨で堤防が決壊し、人家や田畑が流失する甚大な被害に見舞われた。下流の住人たちは「徳田を殺せ」と熊手や鋤、鉈を手に押しかけた。譲甫は難を逃れたものの、村人の怒りと恨みはその後も尾を引き、徳田家の苦労は絶えなかった。このため、譲甫は逃避行中に父祖伝来の土地を売るなどして工面した千円（現在の数千万円）を被災者全員の補償に充てた。

　譲甫はそのうえで、まだ小学6年生だった長男文作に「お前は帝国大学の土木科に進み、ダムの決壊原因の究明と決壊しないダムを設計し

阿知須地区で栽培される甘みの強いかぼちゃ「阿知須くりまさる」　　　江畑溜池堰堤の再建に生涯をかけた曽祖父に思いを馳せる徳田文男さん

いぶし銀の佇まいを持つ
水源地に隠された歴史秘話

45万立方メートルの貯水量を誇る　　　花崗岩とコンクリートで造られたかんがい用重力式ダム

てくれ」と言い聞かせた。県議会議員や井関村村長を務めた讓甫はその後もダムの再建に心を砕いたが、地元に拒まれる苦難は終生続いた。

　文作は父の意を酌んで東大土木科在学中に調査を行い、明治34（1901）年、県庁に調査報告書と新たなダムの設計図を提出した。決壊した土堰堤は水を遮る粘土層が弱く構造的な欠陥があった。文作の設計は遮水層を二重に設け、それをコンクリートで固めるものだった。新しいダムは国の補助を得て築かれ、決壊した場所から500メートル下流に昭和5（1930）年12月に完成した。ダムの完成を見届けた讓甫はその翌年永眠する。ダムは今も現役で、池の水は下流の農地を潤し、近隣の農家たちを支えている。

　万年溜池と江畑溜池の恩恵を受ける阿知須（あじす）地区は今、稲作のほか、かぼちゃ栽培に取り組んでいる。万年溜池水利組合の渡邉光夫組合長によると、戦前は海岸沿いで大根を栽培し漬物にして台湾へ売ったが、戦後はかぼちゃ栽培に切り替えた。平成7（1995）年には、

かぼちゃの品種を「阿知須くりまさる」に統一し、品質の良さで市場から高い評価を得ている。

　阿知須露地野菜生産組合かぼちゃ部会の役員も務めた渡邉さんの案内で、組合員の竹原和雄さんの畑を訪れた。50アールほどの畑一面に太い蔓が這い、ラッパ状の葉が競い合って伸びていた。緑の葉陰にのぞく艶やかに実ったかぼちゃは、土と接しないよう発泡スチロールのトレイが下に当ててある。花の受粉はミツバチが助けるという。3月末に苗を植え付け7月中頃に出荷する「阿知須くりまさる」は大阪市場からも注文が来るほどだが、生産量が年間100トンと少なく、山口県内の需要を賄うだけで精一杯だ。強い甘みと栗のようなホクホクとした食感が特徴で「やまぐちブランド」の一つに数えられている。

　徳田讓甫のような篤志家が存在した幸運。失意にも負けず郷土愛に生涯を捧げた恩人への感謝の念は今も静かに脈打っている。

岩手県盛岡市

岩洞ダム 🍁
(がんどう)

堤体が階段状に造られた
日本初の傾斜コア型ダム

岩洞ダムは戦後の食糧増産政策の一環で国が北上川流域に建設したダムだ。県営の
水力発電にも利用され、ダム湖周辺は景観に優れた観光地となった。

かんがい用水のほか
水力発電にも利用

　岩洞ダムは、北上川水系丹藤（たんどう）川にある日本初の「傾斜心壁型土石ダム」で、昭和31（1956）年に着工され、同35（1960）年に完成した。古来、北上川の流域は稲作が盛んだったが、北上川が強酸性の水質で農業用水に

は不向きであり、支流からの取水を余儀なくされたため、干ばつ時には水不足となり、各地で水争いが頻発した。このため、戦後の食糧増産政策の手だてとして、農林省（現農林水産省）は北上川流域にかんがい用のダムを数カ所建設する計画を立て、このうちの一つが岩洞ダムだった。
　建設地の地形の関係から、ダム本体中心部の遮水ゾーン（コア）が傾斜し、ダム堤体が階段

状になった珍しい形状が特徴で、堤高40メートル、堤長は351メートルである。ダムの水はかんがい用に使われるほか、岩手県による県営発電にも利用されている。2つの水力発電所があり、上流側の岩洞第一発電所の最大出力は41,000キロワット、発電に使われた水が下流の岩洞第二発電所に送られて、さらに8,600キロワットの電気を生み出す。ただし、第二発電所では、かんがい期間中の4月から9月は原則として発電を中止し、農業用水として岩手山麓の約1,600ヘクタールの水田に水を供給している。

誕生した「岩洞湖」は自然豊かなレジャースポット

ダムにより出現した「岩洞湖」は、湖水面積では中禅寺湖、湖岸線長では十和田湖に匹敵する。丘陵性の穏やかな山々に囲まれた「外山早坂高原県立自然公園」の中心部に位置している。湖畔には、シラカバやナラなどの広葉樹が群生し、周辺にはキャンプ場や広場、遊歩道が整備されている。春、夏はスズランやミズバショウなど季節の花々が咲き、秋は紅葉やきのこ狩

りが楽しめる。冬は極寒の氷上ワカサギ釣りも楽しい。

「ダム湖百選」に選ばれており、その美しい湖畔は四季を通じ、観光客や釣り客で賑わっている。

釣りやキャンプ、カヌーなどレジャー客のファンも多い

A C C E S S

🚉 JR山田線上米内駅から車で30分

オススメ周辺情報

岩手銀行赤レンガ館

盛岡のランドマーク

東京駅を手がけた辰野・葛西建築設計事務所が設計を担当し、赤レンガ造りに緑のドームとルネッサンス風の輪郭が目を引く。銀行の役目を終え、一般公開されている。

DATA ☎019-622-1236 営10:00〜17:00 料無料(盛岡銀行ゾーンは大人300円、小中学生100円) 休火曜 所岩手県盛岡市中ノ橋通1-2-20 交東北自動車道盛岡ICから車で10分 Pなし MAP P205 A-3

盛岡八幡宮
（もりおかはちまんぐう）

盛岡の暮らしを見守り続ける

盛岡藩主・南部重信が延宝8(1680)年に建立し、農業から工業、商業、学問などの神として市民の崇敬を集めてきた。色鮮やかな彫刻が施された朱塗りの大社殿も必見。

DATA ☎019-652-5211 営参拝自由 料無料 休無休 所岩手県盛岡市八幡町13-1 交東北自動車道盛岡南ICから車で15分 Pあり MAP P205 A-3

もりおか啄木・賢治青春館
（たくぼく・けんじせいしゅんかん）

盛岡が生んだ二人の文豪の記念館

明治43(1910)年に竣工した旧第九十銀行の建物を保存活用し、盛岡で青春時代を過ごした石川啄木と宮沢賢治の歩みを紹介。喫茶コーナーやショップコーナーもある。

DATA ☎019-604-8900 営10:00〜18:00 料入館無料 休第2火曜 所岩手県盛岡市中ノ橋通1-1-25 交東北自動車道盛岡ICから車で20分 Pなし MAP P205 A-3

岩手県紫波郡紫波町

山王海ダム 🍁

さんのうかい

4倍に増やした貯水量は日本一
旧ダムを生かした嵩上げダム

農業用のロックフィルダムとして日本一の規模を誇るのが山王海ダムである。この地では古くから水争いが絶えなかったが、ダムの完成により平安がもたらされた。

日本一の規模を誇る嵩上げダムは 4,000ヘクタールの水田を潤す

山王海ダムは北上川水系滝名川の上流にある農業用水専用ダムである。貯水量は約3,840万トンで農業用ロックフィルダムとしては日本一の規模を誇る。岩手県内有数の農業地帯に広がる約4,000ヘクタールの水田を潤している。

豊かな水を求める農業関係者が大正時代の終わりからダム建設の陳情を重ねた末、国営事業の着工にこぎつけ、昭和27（1952）年に完成した。高さ37.4メートルのアースダムとして築造され、当時は「東洋一のアースダム」と呼ばれた。

その後、新田開拓の進展により、再び用水不足が生じたのに伴い平成13（2001）年にダムの堤体の一部を取り込み、その上に新たなダムを盛り立てる嵩上げ工法により現在の山王海ダム

が完成した。さらに、平成3（1991）年に完成した上流にある葛丸ダムとは平成13（2001）年、2本のトンネルで結ばれ、日本唯一の「親子ダム」として、限られた水資源の有効活用を図っている。

この再整備によってダムの貯水量は4倍にはね上がった。

平安の思い込め
堤体に植樹

この辺りは耕地面積に比べて滝名川の流域面積が極端に狭く、江戸時代から干ばつに見舞われるたび、激しい水争いが起き、その数は記録に残るだけでも36回に上った。紫波（しわ）町にある志和稲荷神社の境内に今も残るキツネの前立ての耳が欠けているのは、水争いの際に投げ合った石が当たったからだといわれ、死傷者を出すこともあった。

こうした歴史を背に、ダム湖は「平安の湖」と名付けられ、堤体には「平安・山王海・2001」の文字が植樹によって記されている。これは旧山王海ダムが竣工した際、当時の国分謙吉岩手県知事が水争いがなくなり、地域に平安が訪れることを願って堤体に「平安・山王海・1952」と植樹した精神を引き継いだものだ。

志和稲荷神社から山王海ダムに至る滝名川渓流は景観が美しく、訪れるならば特に春の新緑、秋の紅葉の時期がおすすめだ。

激しい水争いをずっと見つめてきた志和稲荷神社のキツネ

ACCESS
🚗 東北自動車道紫波ICから車で20分

オススメ周辺情報

紫波農園
しわ

フルーツ好きにはたまらない

ラ・フランスやブルーベリーなど園内で栽培された果物や新鮮な野菜を販売。野菜がたっぷり入った「農園ピザ」や「ブルーベリーパフェ」などアレンジメニューも充実している。

DATA TEL019-673-7477 営10:30〜16:00 料入園無料 休水曜 所岩手県盛岡市紫波郡紫波町小屋敷字焼野82-1 交東北自動車道紫波ICから車で10分 Pあり MAP P105

あづまね産直

甘味に驚く！フルーツアスパラ

5月上旬から6月下旬に限定出荷される無農薬栽培のフルーツアスパラが名物となっている。甘味が強く、みずみずしい食感が評判だ。あづまね漬もおみやげの人気商品。

DATA TEL019-673-7364 営9:00〜18:00（10〜3月は〜17:00） 休水曜 所岩手県紫波郡紫波町上松本字内方117 交東北自動車道紫波ICから車で10分 Pあり MAP P105

天然温泉ラ・フランス温泉館

女性ファンも多いとろとろの湯

「美人の湯」といわれるアルカリ性単純泉の温泉と新鮮野菜の朝食バイキングが評判の宿。目の前には高級洋なしのラ・フランスの果樹園が広がり、のどかな雰囲気も魅力。

DATA TEL019-673-8555 料1泊2食付8800円〜／名〜（2名様1室・洋室ツイン利用の場合） 休第3水曜、その他不定休 所岩手県紫波郡紫波町小屋敷新在家90 交東北自動車道紫波ICから車で10分 Pあり MAP P105

兵庫県加東市

<ruby>鴨<rt>か</rt>川<rt>も</rt>ダ<rt>が</rt>ム<rt>わ</rt></ruby>

鴨川ダム 🍁

国土復興と食糧増産に向け
戦後初めて造られた国営ダム

周辺農地を潤す鴨川ダムは、戦後の国土復興と食糧増産を目的に建設された。風光明媚な「東条湖」として、播磨を代表する観光名所となっている。

農地を干ばつから救い
新田の開拓にも貢献

兵庫県加東市黒谷の加古川水系鴨川にある鴨川ダムは、戦後の復興に向けて農林省（現農林水産省）が築造した重力式コンクリートダムだ。この地は古くから、降水量が少なく慢性的な水不足に悩まされてきたが、昭和の初め、国

によって、農業用ダムと用水路の建設が決定された。戦時下に建設は一時中断されたものの、戦後、国営東条川農業水利事業として再開され、昭和26（1951）年に完成した。

鴨川ダムの完成により、長年、干ばつに苦しんできた加東市・小野市・三木市の農地約3,000ヘクタールが潤され、嬉野地区や草加野地区の水田化も進められた。用水の一部は上水道用水としても使われ、地域の暮らしに不可欠なダム

として大切にされている。

風光明媚な湖として
地域を代表する観光地に

　ダムによってできた風光明媚な人造湖は「東条湖」の名で親しまれ、レジャーボートや遊覧船が行き交う観光用の湖として活用されている。湖上からは、水天宮や不動岩など、東条湖八景と呼ばれる8つの景勝が望める。遊覧船から見る紅葉は特に美しく、毎年多くの観光客が訪れている。

　湖の周辺には遊園地や宿泊施設などが建設さ

れ、播磨を代表する観光地として開発された。淡水生物の水族館やオートキャンプ場、ゴルフ場などさまざまなレジャー施設も集積している。平成12（2000）年にはおもちゃのテーマパーク「東条湖おもちゃ王国」もオープンし、多くの家族連れらでにぎわっている。

　ダム湖ならではの水深を誇る東条湖は、ブラックバスやワカサギ釣りの名所としても人気を集めている。春から秋にかけてはブラックバス・ヘラブナ・鯉などが釣れやすく、5月から6月には小鮎、11月から3月にかけてはワカサギ釣りが楽しめる。

鴨川ダムを起点とする東条川用水は約100キロメートルあり、自然と一体になりながら山間を縫うように流れている

```
ACCESS
🚗 中国自動車道ひょうご東条ICから車で10分
🚆 JR福知山線新三田駅から車で30分
```

オススメ周辺情報

アクア東条（とうじょう）

東条湖周辺の生き物を展示

東条湖の湖畔にあり、主に東条湖や東条川に生息するメダカやタナゴなど淡水魚を飼育・展示している。その他にも加東市の特産品「釣り針」の展示も行っている。

DATA ☎0795-47-0505 営9:30〜17:30（10〜2月は10:00〜16:00）料入館無料 休木曜 所兵庫県加東市黒谷字西山 交中国自動車道ひょうご東条ICから車で6分 Pあり MAPP107

道の駅とうじょう農産物直売所

加東市の恵みを五感で楽しめる

ひょうご東条ICのすぐそばにあり、加東市の新鮮な低農薬野菜や生花、米、自然食品などが揃う。レストランや特産館もあり、地元の食材の豊かさを五感で実感できるスポット。

DATA ☎0795-47-2400 営9:00〜18:30（土・日曜・祝日、7〜8月は〜19:00、1〜2月は〜18:00）休不定休 所兵庫県加東市南山1-5-3 交中国自動車道ひょうご東条ICからすぐ Pあり MAPP107

ブリランテ

濃厚ジェラートに常連客も多い

自家製生乳100％を使用し、口溶け滑らかでコクのあるジェラートが評判。もも・抹茶ピスタチオなど季節限定を含めて常時10種類程度のフレーバーを楽しめ、地元ファンも多い。

DATA ☎0795-40-9020 営10:00〜18:00、1月中旬〜3月中旬は12:00〜17:00 休月曜（祝日の場合は翌日）所兵庫県加東市平木535 交舞鶴自動車道三田西ICから車で20分 Pあり MAPP107

福島県白河市

南湖
<small>な ん こ</small>

白河藩主松平定信の
「士民共楽」の理念が息づく
<small>し み ん き ょ う ら く</small>

南湖は、寛政の改革を断行した老中・松平定信が白河藩主時代に築いた修景的な公園の先駆けとされる。武士も庶民も共に楽しむ理念は今に受け継がれている。

沼沢地を庶民の公園に
武士の鍛錬にも利用

白河市の南湖は、白河藩主の松平定信が葦や茅が生い茂る「大沼」と呼ばれていた沼沢地の底を掘り、堤を築いて水をため、桜、モミジ、松などを植えて、享和元（1801）年に完成させた地である。定信が造った庭で唯一現存するも

ので、大正13（1924）年に「南湖公園」として国の史跡および名勝に指定された。

武士も庶民も共に楽しむ「士民共楽」の理念のもとに築造された修景的な公園として近代公園制度の先駆け事例とされ、築造工事は困窮者対策も兼ね、築造後は周辺の新田開発の水源となった。藩士の操船や水泳の訓練の場にも利用されたという。

現在も南湖公園は市民の憩いの場である。と

同時に、南湖は一級河川であり、農業用ため池として周辺の農地の重要な水源の役割を担っている。南湖は平成22（2010）年「ため池百選」に選定された。

自然がよく保たれ
四季を通して楽しめる

南湖公園は自然がよく保たれ、四季を通して楽しめる。

春は園内随所に植えられた桜が見事で、南湖神社境内のしだれ桜「楽翁桜（らくおうざくら）」は社伝では定信手植えの桜と伝わる。夏は野生のカキツバタやイバラモなどの貴重な植物や、チョウトンボ、オオヨシキリほかの生き物が観察できる。

湖の西側に繁茂するヒシは水質浄化にも役立っており、湖岸を巡ると、泥が浄化されて砂地に変わっていく様子も見ることが

南湖公園ではしだれ桜や松、楓、雪景色など四季を通じて目を楽しませてくれる

できる。秋はイロハモミジの紅とアカマツの緑のコントラストが見事だ。南湖の周囲や南湖森林公園を巡るハイキングコースが整備されており、定信ゆかりの「南湖十七景」を眺めながら散歩できる。毎年、12月初めから水質浄化と外来種駆除のため、池干しが行われる。水のない南湖は、雪が降ると一面雪原に変わり、別世界となる。冬鳥が飛来して野鳥観察ができる。

南湖公園内には日本文化の伝承を体現する施設として「翠楽苑（すいらくえん）」もあり、一年を通して呈茶を楽しめるほか、季節ごとに茶会やライトアップ、コンサートなども開催される。

ACCESS

🚗 東北自動車道白河中央スマートICから車で15分

🚆 東北新幹線新白河駅から車で10分

オススメ周辺情報

小峰城跡
こみねじょうあと

国史跡の東北を代表する名城

14世紀中頃、結城親朝が小峰ケ岡に城を構えたことが始まりで、寛永9（1632）年初代白河藩主の丹羽長重が石垣の城に大改修し、三重櫓や前御門が復元されている。

DATA ☎0248-22-1147（白河観光物産協会）営三重櫓は9:30〜17:00（11〜3月は〜16:00）料入場無料 休無休 所福島県白河市郭内 交東北自動車道白河ICから車で15分 Pあり MAPP109

白河ラーメン
しらかわ

全国区の人気を誇る

鶏ガラや豚骨などからダシを取った醤油ベースのスープにそば職人の技法に由来するといわれる手打ちちぢれ麺が特徴。市内には数多くのラーメン店があり、白河ラーメンを目当てに訪れる人も多い。

DATA ☎0248-22-1147（白河観光物産協会）HP http://shirakawa315. com/ramen/

白河そば
しらかわ

日本四大そば処の一つ

200年以上前に白河藩主の松平定信が冷害に強いそばの栽培を奨励したことがルーツとされる。香りとコシを生かした打ち方やつなぎ、つゆなどの各店の違いも楽しみ。

DATA ☎0248-22-1147（白河観光物産協会）HP http://shirakawa315. com/soba/

栃木県那須塩原市

深山ダム

かんがい、上水道、発電を担い
地域を支える利水ダム

美しい山々に囲まれ、エメラルドグリーンの水を静かにたたえる深山ダムは、神秘的な佇まいが趣深い。かんがいや発電など数々の機能を果たし、人々の暮らしを支え続けている。

不毛の地に水をもたらし
発電所として電気も供給

栃木県の那珂川最上流部にある深山ダムは、堤高76メートル、堤長334メートルの湖側の表面をアスファルトで覆った構造を持つ多目的ダムだ。那須野ヶ原に広がる約4,300ヘクタールの農地を潤すほか、大田原市、那須塩原市の

上水道用水や、県営の発電用水として利用されている。

栃木県の北東部に位置する那須野ヶ原は、那須塩原市、大田原市にまたがる約4万ヘクタールの広大な複合扇状地で、深山ダムができる以前は水源に乏しく不毛の地とされていた。明治18（1885）年に日本三大疏水の一つである那須疏水が完成した後も、那須野ヶ原には広大な雑木林や未開発の地域が多く残り、人口の増加に伴う

水の使用量の増大や、水源の枯渇、既存用水の老朽化などの解決策として、昭和49(1974)年、国営事業により深山ダムが造られた。

使用量がピークに達する昼間の電力を賄うために、深山ダムでは揚水式発電が行われている。揚水式発電とは、発電所の上下2カ所に貯水池を造り、下池にたまった水を夜間に深夜電力で上池に戻して位置エネルギーとして蓄えておき、電気の不足しがちな昼間に再び発電するシステムで、深山ダムでは上池が沼ッ原調整池、下池が深山湖と呼ばれている。

四季折々の渓谷美とエメラルドに輝く湖面

栃木県北部一帯を占める日光国立公園の中に造られた深山ダムとその周辺には、渓谷美に優れた自然が多く残されており、新緑や深緑、紅葉など四季折々の景色を大パノラマで楽しむことができる。特に紅葉の季節になると、山頂から裾野に向かって、雪の白色、紅葉の赤や黄色、針葉樹の緑色が層をなす「3段染め」と呼ばれるグラデーションが壮観だ。エメラルドグ

リーンの水をたたえた湖とのコントラストも美しく、訪れた人たちを魅了する。

ダムは日光国立公園内にあり、高い山々に囲まれ、新緑と紅葉シーズンは多くの人が訪れる

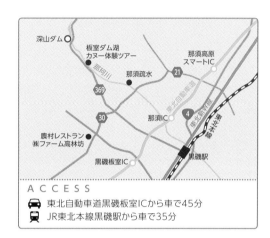

ACCESS
🚗 東北自動車道黒磯板室ICから車で45分
🚃 JR東北本線黒磯駅から車で35分

オススメ周辺情報

那須疏水 (なすそすい)

世界かんがい施設遺産登録の名所

那須野ヶ原の農業振興を図るため、明治18(1885)年に完成。周囲は公園として整備されており、昭和3(1928)年に造られた旧取水施設は国の重要文化財に指定されている。

DATA ☎0287-37-5419(那須塩原市教育部生涯学習課) 営散策自由 所栃木県那須塩原市西岩崎 交東北自動車道黒磯板室ICから車で20分 Pあり MAP P111

板室ダム湖カヌー体験ツアー (いたむろ)

初心者でも楽しめるカヌー体験

安全性の高いカヤックを使用し、初心者でもカヌーを楽しめる。体験は最小催行2名からの完全予約制で、ダム湖を約2時間で周遊。愛犬が一緒に乗れるプランもある。

DATA ☎0287-69-1168(カヌー体験ツアーインフォメーションデスク) 営10:00〜15:00(季節により異なる) 料〜6,000円 休11月中旬〜4月中旬 所集合場所/栃木県那須塩原市百村3090-6(那須塩原市役所板室自然遊学センター) 交東北自動車道那須ICから車で25分 Pあり MAP P111

農村レストラン㈱ファーム高林坊 (こうりんぼう)

地場産の那須野秋そばを味わう

古くから栽培されてきたそばの在来種「那須野秋そば」を那須連山の麓で栽培。収穫したそばは自家製粉し、手打ちで提供しており、そば打ち体験教室の予約も受け付けている。

DATA ☎0287-68-7775 営11:00〜16:00 休無休(1月〜4月は木曜定休) 所栃木県那須塩原市木綿畑451-1 交東北自動車道黒磯板室ICから車で10分 Pあり MAP P111

さ か い の さ わ
堺野沢ため池 🌸

津軽平野を潤すため池は
風光明媚な憩いの場

堺野沢ため池はリンゴ畑が広がる丘陵地帯に造られ、風光明媚だ。周囲の山林から清流が流れ込み、ノハナショウブが咲く憩いの場となっている。

新田開発を目指し
津軽藩時代に築造

　堺野沢ため池は、約 350 年前の津軽藩時代、新田開発宝永元（1704）年から享保 12（1727）年にかけて築造された農業用ため池で、現在も地域の水田 135 ヘクタールを潤し、津軽平野の重要な農業用水源となっている。大小 26 の

ため池が群在する旧五所川原市の東側丘陵地帯にあり、堤体からは秀峰岩木山や津軽平野が一望できる。

　ため池周辺は、平成 5（1993）年度から平成 13（2001）年度までの県営堺野沢地区水環境事業によって「堺野沢ため池公園」として整備された。平成 14（2002）年 12 月に五所川原市に譲与され、現在は、公園の維持管理を市が担い、地元農家の集まりである水土里ネット五所川原

市南部によって、ため池の機能が管理されている。

地域ぐるみの保全活動でノハナショウブの里に

堺野沢ため池公園は、リンゴ畑に囲まれた一角にあり、散策コースやヘラブナ釣りの人気スポットとして市民の憩いの場になっている。周辺には遊歩道が整備されており、毎年4月下旬になると満開のサクラが人々の目を楽しませる。

現在、堺野沢ため池を中心に、ノハナショウブの里づくりを目指した地域ぐるみの活動が進められており、五所川原市南部土地改良区などが清掃活動や花壇の手入れ、ヘラブナの放流などを行っている。農業者だけではなく、多くの市民が積極的にため池の保全に参加する環境づくりを目標に、地域の小学生を対象にした農業水利施設見学会も実施されている。

地元住民によるこれらの活動や、自然豊かな景観が高く評価され、堺野沢ため池は平成22（2010）年、農林水産省の「ため池百選」に選ばれた。

堺野沢ため池　青森県五所川原市

堺野沢ため池には周囲の自然豊かな山林からきれいな水が流れ込む

ACCESS
- 津軽自動車道五所川原ICから車で5分
- JR五所川原駅から車で15分

オススメ周辺情報

藤枝ため池
（ふじえだ）

ため池の周囲を彩る桜も見事

太宰治ゆかりの地として有名な芦野池沼群県立自然公園内にあり、「日本の桜名所百選」にも選ばれている。元禄年間（1688～1704）に津軽藩主がかんがい用に築造した。

DATA TEL0173-35-2111(五所川原市農林整備課) 営散策自由 所青森県五所川原市金木町芦野 交津軽鉄道芦野公園駅から徒歩5分 Pあり MAP P205 A-3

太宰治記念館斜陽館
（だざいおさむ）（しゃようかん）

全国から太宰ファンが訪れる

明治40（1907）年に太宰治の父・津島源右衛門が日本三大美林のヒバを贅沢に使って建てた。戦後、津島家が手放してから半世紀近く旅館を営み、今は記念館となっている。

DATA TEL0173-53-2020 営9:00～17:30(10～3月は～17:00) 料600円 休12／29 所青森県五所川原市金木町朝日山412-1 交津軽鉄道金木駅から徒歩7分 Pあり MAP P205 A-3

立佞武多の館
（たちねぷた）（やかた）

迫力満点の実物展示に圧倒される

高さ22メートル、重さ約19トンもの巨大な立佞武多を保管・展示し、立佞武多の歴史も学べる。立佞武多製作所では制作の様子を見学でき、色付け体験もできる。

DATA TEL0173-38-3232 営9:00～19:00(10～3月は～17:00) 料650円 休無休 所青森県五所川原市大町506-10 交津軽自動車道五所川原ICから車で15分 Pあり(1時間200円) MAP P113

栃木県那須郡那須町

<ruby>江<rt>え</rt></ruby><ruby>戸<rt>ど</rt></ruby><ruby>川<rt>が</rt></ruby>温水ため池 🍁

りんどう湖の名で親しまれ
那須高原を代表する観光地に

那須高原にある江戸川温水ため池は、沢の冷水を温めて農業用水に転換する人造湖だ。りんどう湖の通称で親しまれ、周辺には一大レジャー施設が広がっている。

沢の冷水を堰き止めて
温かい農業用水に転換

　江戸川温水ため池は、那須町の中央部に位置する那須高原に築造された人造湖。那須高原は湿気の少ない寒冷地であり、古くから水不足や稲の冷水被害に悩まされてきた。そこで、同地を流れる沢を堰き止めて堤体を築き、貯水池表面の比較的温かい水を農業用水に使う目的で、昭和38（1963）年度に江戸川温水ため池が築かれた。

　ため池の完成後には水温が約4度上昇し、稲の冷害対策に大きな効果をもたらした。かんがい用水を安定して得られるようになったことで地域の水争いも解消し、地域農業の発展に重要な役割を果たした。

ため池を観光利用した成功事例として注目

江戸川温水ため池は「りんどう湖」の別称で親しまれ、周辺には戦後の観光開発によって、牧場やホテル、キャンプ場など数々のレジャー施設が建設された。東北自動車道や東北新幹線の開通も追い風となり、豊かな自然の中のテーマパークとして、那須高原を代表する一大観光地となっている。

現在は、りんどう湖を中心に「那須りんどう湖レイクビュー」の名称で、約30万平方メートルの広さを誇るレジャーランドが整備されて

いる。湖上を220メートルにわたってワイヤーで滑空する世界初のアトラクションが人気を集め、牧場ではアルパカ、ヤギ、アヒルなどの動物とふれあえる。りんどう湖の四季を写すフォトコンテストも年間を通して開催されており、自然に囲まれた四季折々の水辺の風景が人々を楽しませている。

このように、江戸川温水ため池はかんがい施設としてだけでなく、地域の観光資源としても活用されている。観光利用が周辺環境の整備や水質の保全にもつながっており、水利施設の他目的利用のモデルケースとなっている。

江戸川温水ため池は親水レジャー施設となり、週末は多くの観光客が訪れる

ACCESS
🚗 東北自動車道那須ICから車で15分

オススメ周辺情報

那須高原南ヶ丘牧場

那須の自然が極上牛乳を生み出す

日本では約200頭しかいないといわれる「ガーンジィ牛」を飼育している。そのミルクは全国ご当地牛乳グランプリで最高金賞を受賞し、加工品もいろいろ揃っている。

DATA ☎0287-76-2150 営8:00〜17:30(季節・天候により変更あり) 料入場無料 休無休 所栃木県那須郡那須町湯本579 交東北自動車道那須ICから車で15分 Pあり MAP P115

那須高原今牧場チーズ工房

100%自家牧場産にこだわる

創業70年を超える今牧場が平成24(2012)年に開業した100%自家牧場産のチーズ工房。ヤギのミルクで作る熟成チーズ「茶臼岳」は航空機の機内食に採用される人気商品。

DATA ☎0287-64-0777 営10:00〜17:00 料入場無料 休水曜 所栃木県那須郡那須町大字高久甲5898 交東北自動車道那須ICから車で10分 Pあり MAP P115

那須の内弁当「なすべん」

那須の旨みを凝縮した豪華ランチ

那須に伝わる「九尾の狐伝説」にちなみ、9種類の食材を使って9つの料理を作り、9つの器に盛り付けるご当地グルメ。弁当と言うものの、お店で食べるランチメニュー。

DATA ☎0287-78-1219(道の駅那須高原友愛の森なすとらん) 料1,500円以下(那須町の道の駅やレストランなどで提供)

埼玉県飯能市

宮沢湖

北欧のようなテーマパークとして注目を集める
農業経営を安定させたかんがい用アースダム

宮沢湖は昭和初期にかんがい用のため池として造られた。湖畔には近年、森と湖に
囲まれた北欧のようなテーマパークが建設され、新たな賑わいを見せている。

6本の幹線水路で
地区内に水を供給

　埼玉県飯能市にある宮沢湖は、昭和16
（1941）年に完成したアースダムで、堤高は
18.5メートル、堤長は240メートル。度重な
る干ばつに悩まされていた周辺農地に水を安定
供給するため築造された。湖水は一級河川入間

川の上流に設けた頭首工より導水しており、貯
留された水は6本の幹線水路を通じて必要な
時期に配水される。宮沢湖が用水源として機能
するようになったことで、この地の農業生産力
は大幅に向上した。

　宮沢湖は土を台形状に盛り上げたアースダム
で、中心部には遮水層が設けられていたが、昭
和28（1953）年に堰堤の一部が崩壊し、昭和
31（1956）年の漏水調査では遮水層が機能を果

たしていないことも判明した。これを基に改良工事が行われ、昭和36（1961）年、本来の機能が回復された。

自然との共生を実現し
ムーミンの物語の世界観を再現

　湖畔には当初、遊園地や動物園などが建設されにぎわっていたが、のちに施設の老朽化などにより閉鎖され、かわって平成30（2018）年に、北欧のライフスタイルを体験できるテーマパーク「メッツァビレッジ」が完成した。敷地は宮沢湖周辺の23.6ヘクタールに及び、平成

31（2019）年には「メッツァビレッジ」に続いて、ムーミンの物語の世界観が楽しめる「ムーミンバレーパーク」がグランドオープンした。

　メッツァはフィンランド語で森を表し、森と湖に囲まれた湖畔の風景がムーミンの物語の世界を彷彿させる。飯能市が以前からまちづくりのテーマとして掲げている「人と自然の共生」がテーマパークのイメージにも通じるとして、建設地に選ばれた。雄大な自然の中でゆったりと流れる時間を楽しめる施設として、飯能市の新たな観光資源となることが期待されている。

北欧文化にふれられる「メッツァビレッジ」ではカヌーレンタルも実施しており、豊かな自然に恵まれた宮沢湖の魅力を実感できる

ACCESS
🚌 西武鉄道東飯能駅から車で6分

オススメ周辺情報

メッツァビレッジ

北欧気分に1日浸れる

北欧ブランド雑貨や工芸品、地元野菜などを取り扱うマーケットや北欧風グルメを提供するレストランがあり、北欧文化にふれられる。湖のカヌーレンタルやワークショップなど1日家族で楽しめる。

DATA ☎0570-03-1066 営10:00～20:00 料入場無料 休不定休 所埼玉県飯能市宮沢327-6メッツァ 交首都圏中央連絡自動車道狭山日高ICから車で12分 Pあり MAPP117

きまま工房・木楽里（きらり）

飯能産西川材で木製品が作れる

飯能市で大切に育てられた良質な西川材のスギやヒノキを材料として、自分で木製品を作ることができる。10種類以上の工作キットが揃い、イスやテーブルなどオリジナル家具も作れる。

DATA ☎042-970-2007 営9:30～17:30 料MYはし作り（工作キット）1膳550円～ 休火曜（祝日の場合は翌日） 所埼玉県飯能市井上138 交関越自動車道鶴ヶ島ICから車で30分 Pあり MAPP204 B-3

宮沢湖温泉 喜楽里別邸（きらりべってい）

源泉掛け流しの露天風呂は格別

宮沢湖を一望できる温泉施設で、施設内には源泉掛け流しの天然露天風呂や内湯、岩盤浴、サウナなどが揃い、旅の疲れを癒すにも最適。新鮮な野菜をふんだんに使ったビュッフェレストランも人気。

DATA ☎042-983-4126 営9:00～24:00（温泉）、11:00～21:00（ビュッフェ：土・日曜、祝日、特定日は10:30～21:00）、10:30～22:00（カフェ&バー）※未就学児入館不可 料シンプルコース平日1,030円、土日祝1,050円（タオルセット付） 休不定休 所埼玉県飯能市大字宮沢27-49 交西武池袋線飯能駅からバスで10分 Pあり MAPP117

埼玉県本庄市

まぜえんてい

間瀬堰堤

東日本最古の
農業用重力式コンクリートダム

東日本最古の農業用重力式ダムである間瀬堰堤は、本庄市の山あいにある。築後80年
経過した今も下流域を潤す水を貯え、ダム湖周辺は四季を通して行楽客でにぎわう。

多様な曲線から漂う
気品あるレトロ感

　間瀬堰堤は、利根川水系の間瀬川上流部を堰
き止め、昭和12（1937）年に完成した東日本
最古の農業用重力式コンクリートダムである。
昭和5（1930）年から8年の歳月をかけて埼玉
県による直轄工事で建設されたダムは、堰堤の

高さが27.5メートル、堤長126メートルで、
ダム湖に貯えられた53万立方メートルの水は
美児沢（みこさわ）用水を経て本庄市、美里町、
深谷市に広がる水田や畑を潤している。
　築後80年が経過したダムは、堰堤上部の天
端に見られる丸みを帯びた高欄や、ダム湖側に
西洋風の曲面壁を設けた管理棟の建物などから
気品あるレトロな雰囲気を漂わせている。当時
としては極めてモダンな意匠で設計されたもの

であろう。取水設備ダムのやや下流にある、4つの橋げたを持ち、下部をアーチ型にくり抜かれたコンクリート造りの管理橋は、間瀬堰堤と一体の施設として昭和13（1938）年に設置され、こちらも曲線を巧みに取り入れている。間瀬堰堤、管理橋ともに、平成12（2000）年、国の登録有形文化財に指定された。

ダムを彩る四季折々の 美しい景観が人々を魅了

ダムによって出現した間瀬湖は、長い歳月を経た今では、周囲の景色にすっかり溶け込み、山々を背景にしてダムの洪水吐から流れ出る水が白い波を立てながら堤体を滑り下りる風景はことに美しい。間瀬湖とダムが織りなす景観は人々の心をとらえ、春は桜の名所となり、秋は錦しゅうが湖畔を取り囲んで行楽客を魅了する。間瀬湖はまた、ヘラブナ釣りの名所としても知られ、湖畔に、桟橋に、湖上の舟に、釣り糸を垂れる人の姿が絶えない。

堰堤と間瀬湖が織りなすレトロな景観は多くの人の心を引きつけるものがある

ACCESS
🚗 関越自動車道本庄児玉ICから車で20分
🚃 JR八高線児玉駅から車で12分

オススメ周辺情報

競進社模範蚕室

日本の養蚕業の発展に貢献

養蚕技術の改良に一生を捧げた木村九蔵が明治27（1894）年、競進社児玉伝習所地内に建設した。内部は4層構造で九蔵の養蚕にかける情熱と強い思いを随所に感じる。

DATA ☎0495-71-1121 営9:00〜16:30 料無料 休月曜（祝日の場合は翌日）所埼玉県本庄市児玉町児玉2514-27 交JR児玉駅から徒歩5分 Pあり MAP P119

本庄市観光農業センター

児玉産のおいしいものならお任せ

シイタケや小豆、にんにくなど児玉町産の農産物が販売され、ハチミツや梅干しなどの加工品も多く取り揃えている。隣接しているバーベキュー施設は無料で利用できる。

DATA ☎0495-72-6742 営10:00〜17:00 料無料 休木曜（祝日の場合は開館）所埼玉県本庄市児玉町小平653 交関越自動車道本庄児玉ICから車で17分 Pあり MAP P119

つみっこ

養蚕のまちが受け継ぐ郷土料理

養蚕や機織りが盛んだったころ、仕事の合間に食べられた郷土料理。練った小麦粉を「つみとる」の方言からこの名が付き、地元野菜と一緒に煮込んだ栄養満点の料理。

DATA ☎0495-25-1174（本庄市商工観光課）所埼玉県本庄市内の店舗で提供

山梨県南アルプス市

南伊奈ヶ湖 🍁
みなみいながこ

南アルプスの美しい風景を
鏡のように映し出す小さな湖

南伊奈ヶ湖は南アルプスの中腹にある小さな湖だ。かんがい用のため池として造られたが、今は役目を終え、自然の中で静かなたたずまいを見せている。

役目終え静かにたたずむ
かんがい用の人造湖

　南伊奈ヶ湖は、南アルプスの前衛、櫛形山（くしがたやま）の中腹の標高900メートル付近にある小さな湖である。昭和25（1950）年に造られたかんがい用人工ため池で、かつては発電にも使われていたが、今はその役目を終えて木立の中にひっそりとたたずんでいる。

　山深く風の静かな場所であるからか、鏡のように静まりかえった湖面には湖畔を囲む木立や周辺の山々が映し出される。紅葉の時期は特に見事で、赤や黄色に染まった木々がエメラルドグリーンの湖面に映る絶景を一目見ようと、多くの人が訪れる。この時期に開催される伊奈ヶ湖紅葉祭では、美しい紅葉を背景にさまざまな催し物が行われ、人気のイベントとなってい

る。湖畔を囲む遊歩道からは、白鳥とともに泳ぐ鴨や鯉の姿も見られる。

という3つの機能を具現化する拠点となっている。

自然と人の共生を目指す
ユネスコエコパークに

平成26（2014）年、南伊奈ヶ湖を含む南アルプスが、国際連合教育科学文化機関（ユネスコ）の選定するユネスコエコパークに登録された。ユネスコエコパークの選定は、自然と人間社会の共生を目的に開始された活動の一環で、日本国内では志賀高原や白山など7つの地域が登録されている。

南アルプスがユネスコエコパークに登録されたことをきっかけに、県立自然公園である南伊奈ヶ湖周辺は「エコパ伊奈ヶ湖」としてリニューアルされた。園内には南伊奈ヶ湖のほかに、江戸時代より前に造られたとされる北伊奈ヶ湖もあり、2つの湖を囲むように宿泊施設や研修施設、遊歩道、テントサイト、バーベキュー場などが整備されている。森林科学館では学びを深めるイベントも開催され、「生物多様性の保存機能」「学術的研究支援」「経済と社会の発展」

南伊奈ヶ湖は櫛形山の中腹の標高890メートル付近に位置し、様々な樹木が赤色や黄色に紅葉する秋は見事な景観が広がる

ACCESS
🚗 中部横断自動車道南アルプスICから車で20分

オススメ周辺情報

中野の棚田
（なかののたなだ）

富士山と棚田を同時に眺められる

櫛形山の東に位置し、なだらかな斜面に広がる棚田から富士山や甲府盆地を望むことができる。5月上旬には棚田に田植えのため水が張られ、時期限定となるが「逆さ富士」を見ることができる。

DATA 📞055-284-4204（南アルプス市観光協会）🏃散策自由 📍山梨県南アルプス市中野324 🚗中部横断自動車道南アルプスICから車で15分 🅿なし 🗺MAP P121

エコパ伊奈ヶ湖
（いながこ）

南アルプスの大自然の恵みを満喫

エコパークガイドが常駐し、生き物や自然などを楽しく学べるイベントも開催。食事が楽しめるレストハウスやコテージ、テントサイトでの宿泊など伊奈ヶ湖の自然を満喫できる。

DATA 📞055-283-8700 🏃9:00～17:00 休月曜（祝日の場合は翌日）📍山梨県南アルプス市上市之瀬1760 🚗中部横断自動車道南アルプスICから車で25分 🅿あり 🗺MAP P121

総合交流ターミナル「ハッピーパーク」

フルーツ王国の魅力を体感できる

きれいな空気と清らかな水に恵まれた南アルプス山麓で採れた桃やぶどう、さくらんぼなど旬のフルーツや地元ワイン、加工品などを販売。併設のレストランでは地元食材を使ったメニューが充実。

DATA 📞055-285-2088 🏃9:00～18:00（ショッピング・6～8月）、9:00～17:00（ショッピング・9～5月）、11:30～22:00（レストラン）休無休（ショッピング6～8月・12月）、木曜（レストラン、ショッピング9～11月・1～5月）📍山梨県南アルプス市徳永410 🚗中部横断自動車道白根ICから車で10分 🅿あり 🗺MAP P121

長野県茅野市

白樺湖 しらかばこ 🍁

白樺林に囲まれたため池
地域の農業を支え観光資源にも

白樺湖は美しい白樺林に囲まれた温水ため池だ。地域の農業を支え、四季折々の大自然の移ろいを湖面に映す、長野県を代表する観光地である。

冷たい水をため池で温め
寒冷地の稲作を支援

長野県の八ヶ岳中信高原国定公園にある白樺湖は、蓼科（たてしな）と美ヶ原高原をつなぐ観光道路ビーナスラインのほぼ中央に位置する人造湖である。完成した当初は「蓼科大池」と呼ばれていたが、美しい白樺林に囲まれ、池の中にも白樺の灌木が散在していたことから「白樺湖」と呼ばれるようになった。

湖面標高1,416メートル、周囲3.8キロメートルの温水ため池であり、昭和21（1946）年に造られた。当時、この地域では水田の水が冷たく、稲の生育に悪影響を及ぼすことが多かった。温水ため池は堤防を造って水をため、水温を上げてから下流の水田へ送る利水施設であり、完成後は稲の生育に適した水源として大変

重宝された。現在も地域の農業に欠かせない温水ため池として、茅野市北山の110ヘクタールの水田に水を供給している。

国内屈指のリゾート地 トレーニングの拠点にも

白樺湖の周辺では、昭和25（1950）年頃から貸しボートやスケート場などのレジャー施設が整えられ、多くの観光客が訪れるようになった。スキー場、遊園地、ホテル、ゴルフ場なども整備され、長野県内有数のリゾート地となっている。カヌーやボートなど湖を舞台にしたレジャーをはじめ、ツーリングや自転車といったロードスポーツ、パラグライダーや乗馬、ウィンタースポーツなど、四季折々のアクティビティが豊かな自然の中で楽しめる。

近年は、標高1,400メートルを超える準高地ならではのトレーニング効果にも注目が集まっている。白樺湖を一周するジョギングロード「白樺ぐるりん」の整備や、自然の中でプロの健康運動指導士の指導が受けられる「健康いきいき診断プログラム」などが実施され、アスリートたちの中長期トレーニングの拠点や、市民の健康づくりの拠点としても期待が高まっている。

リゾート地のシンボル的な存在でありながら、農業用温水ため池としての役割も果たしている

ACCESS
🚗 中央自動車道諏訪ICから車で40分
🚈 JR中央本線茅野駅から車で40分

♪オススメ周辺情報

御射鹿池（みしゃがいけ）

コバルトブルーの水面が魅了する

日本画の巨匠・東山魁夷画伯の作品『緑響く』のモチーフとして有名な池。農林水産省の「ため池百選」にも選定され、現在も農業用水として農家に利用されている。

DATA ☎0266-73-8550（茅野市観光案内所）営散策自由 所長野県茅野市豊平蓼科 交中央自動車道諏訪ICから車で45分 Pあり MAPP123

乙女滝（おとめたき）

水量豊富で豪快に流れる美しい滝

県内で初めて「世界かんがい施設遺産」に登録された滝之湯堰・大河原堰の一部。木々の間から落ちる落差15メートルの滝で、春の新緑と秋の紅葉のころが特に美しい。

DATA ☎0266-67-4860（蓼科中央高原観光案内所）営散策自由 所長野県茅野市北山蓼科中央高原 交中央自動車道諏訪ICから車で30分 Pあり MAPP123

たてしな自由農園

まさに信州のアンテナショップ

蓼科高原のおいしい野菜や信州特産のフルーツ、魅力的な農産加工品を多数取り扱っている。春の山菜や秋の山きのこの時期には八ヶ岳山麓の旬の素材が売場を埋め尽くす。

DATA 茅野店 ☎0266-75-5510 営9:00～17:30（冬期9:30～）休無休（12～4月は水曜）所長野県茅野市米沢3905-1 交中央自動車道諏訪ICから車で14分 Pあり MAPP123
※その他の店舗はHP（https://www.tateshinafree.co.jp）で確認

大阪府岸和田市

久米田池 <ruby>久<rt>く</rt>米<rt>め</rt>田<rt>だ</rt></ruby>

奈良時代の高僧行基（<ruby>行基<rt>ぎょうき</rt></ruby>）が開削
年間100種類以上の野鳥が飛来

聖武天皇の勅命により当時の最新技術を用いて築造されたといわれるため池は、その後も、今日まで受け継がれた「ため池管理」の手法によって維持されてきた。

池畔の久米田寺が見守る
大阪府内最大の農業用ため池

　大阪平野の南部には数多くのため池が見られる。中でも岸和田市にある久米田池は、広さ45.6ヘクタール、周囲2.65キロメートルと大阪府内最大の満水面積を持つ農業用ため池である。葛城山系を源とする牛滝川の水を貯水し、

約25ヘクタールの水田を潤している。
　池の歴史は奈良時代にさかのぼる。付近一帯は水量の少ない天の川に頼っており、農民は毎年の干ばつに悩まされた。これを知った聖武天皇は僧行基に開削を命じた。行基は公卿・橘諸兄（たちばなのもろえ）と諮って農民を集め、神亀2（725）年から天平10（738）年まで、14年間の歳月を費やし久米田池を完成させたといわれる。当初のため池は小規模なもので、その

後、改修や下流域の新田開発に伴う拡張を幾度も繰り返して現在の規模となった。

　池端に建つ久米田寺も行基が天平6（734）年に建立したと伝えられ、別名「隆池院」ともいわれている。仏教の布教とともに、ため池の管理の役目も果たした古刹である。

1300年続く池の維持管理
世界かんがい施設遺産に登録

　池の堤防は、粘土質と砂礫を交互に突き固め、両層の間に木の葉を挟む「敷葉工法」と呼ばれる東アジアからもたらされた当時の最新技術で造られた。冬場は水を抜いて池底の泥をさらえ、春には満水にして田植えに備える維持管理手法は戦後、久米田池土地改良区に受け継がれた。

　久米田池は平成3（1991）年度より「オアシス整備事業」として農業用水の確保および災害の未然防止のための大改修が施され、平成22（2010）年「ため池百選」に選定、平成27（2015）年10月には「世界かんがい施設遺産」に登録された。

　年間100種類を超える野鳥が訪れる久米田池は近くの関西国際空港をもじって「野鳥の国際空港」とも呼ばれる。池の周囲では毎春恒例の「桜まつり」が開かれ、10月の「だんじり祭り」では地元の人たちが「行基参り」を盛大に行って高僧の恩恵に謝意を捧げる。

湖畔に行基が建てたと伝わる久米田寺がため池を見守っている

ACCESS
🚗 阪神高速道路岸和田南ICから車で15分
🚉 JR阪和線久米田駅から徒歩15分

オススメ周辺情報

岸和田城
きしわだ

秀吉の伯父が大改修した城

元弘4（1334）年、楠木正成の一族・和田高家が現在の城より東側に築城したのが始まりとされ、天正13（1585）年に羽柴秀吉の伯父・小出秀政が入城し、天守を築造した。

DATA ☎072-431-3251 営10:00〜17:00（入館は〜16:00）、お城まつり期間中（⅟／1〜15）開館 所大阪府岸和田市岸城町9-1 交南海電鉄蛸地蔵駅から徒歩7分 P近くに市営駐車場（有料）あり MAPP125

岸和田だんじり会館
きしわだ

だんじり祭のすべてが分かる

江戸中期に始まり、300年以上の歴史を持つ「岸和田だんじり祭」。そんなだんじり祭の魅力と歴史、匠の技などを大型のマルチスクリーンや貴重な展示物で紹介している。

DATA ☎072-436-0914 営10:00〜17:00（入館は〜16:00）料600円 休月曜（祝日の場合は開館）所大阪府岸和田市本町11 23 交南海電鉄蛸地蔵駅から徒歩7分 P近くに市営駐車場（有料）あり MAPP125

牛滝温泉 四季まつり
うしたき

温泉ファンが各地から駆けつける

地下1645メートルの白亜紀時代の地層から湧き出す湯は、全国的にも珍しい濃度の濃いとろみがあり、絹のような肌触りから「お湯の羽衣」ともいわれている。

DATA ☎072-479-2641 営7:00〜21:30、宿泊は14:00〜翌日11:00まで 料1泊2食付11,500円〜（1室3名以下・せせらぎ荘利用の場合）休年1回メンテナンスのため休業あり 所大阪府岸和田市大沢町1156 交阪和自動車道岸和田和田ICから車で15分 Pあり（1時間無料）MAPP203 B-2

兵庫県南あわじ市

上田池ダム堰堤 ✽

（こうだいけ）（えんてい）

近代土木技術の発達により
淡路島の民に福音をもたらしたダム

水資源の少ない淡路島は、古くから無数のため池や小堰堤を築いて水を確保していたが、昭和7（1932）年、本格的なダムの完成により水不足の悩みは解消した。

先人の苦労の証左
島内に2万5,000ものため池が点在

　淡路島には水源となる高い山がなく、河川も少ないうえに、年間降水量は1,300ミリと全国平均の70%に過ぎない。人々は農業や生活に必要な水の確保に悩まされ、昔から数多くのため池や小規模な堰堤を築いて命の水を得てき

た。現在、島内各地に点在するため池の数は約2万5,000個にものぼり、先人たちの苦労の跡が見てとれる。

　大正後期、近代土木技術の発達によって大規模なダムの建造が可能となったのを機に、この地域に安定した農業用水を供給しようと計画されたのが上田池ダムである。三原川水系上田川を堰き止め、150万トンの水量を貯えることができる淡路島初の本格的ダムは島民の生活を一

変させた。ダム湖の水は現在も下流域140ヘクタールの田畑を潤し、地域の防災にも貢献している。

希少な農業用重力式ダム
城の石垣のような重厚さと風格

昭和7（1932）年に完成したこのダムは、農業用としては全国でも数少ない重力式コンクリートダムで、堤高41.5メートル、堤長は131メートルあり、この型のダムとしては日本一の高さを誇る。堤堤の表面には方形に整形した石を目が横に通るようにして積みあげる布積みが施されており、あたかも城の石垣のようにも見え、重厚さと独特の風格を漂わせている。

風格のある堤堤は城の石垣のようにも見え、全国的にも珍しい石積式

堤堤上部の石造りの洪水吐（こうずいばき）がアーチ状に連続し、装飾的にデザインされていて美しい。むろん強度に問題はなく、平成7（1995）年1月17日の淡路島北部を震源とした阪神淡路大震災にも持ちこたえた。土地改良技術者による初めての粗石モルタル工法による堤堤で、地域の用水確保に重要な役割を果たす貴重なかんがい遺産となっている。

堤堤上には狭いながら車道が通じていて車で通行できる。市街地にほど近く、春には両岸の里山に多くの桜が咲き誇り、人々の目を楽しませる憩いの場所にもなっている。

ACCESS

🚗 神戸淡路鳴門自動車道西淡三原ICから車で22分

オススメ周辺情報

淡路ファームパークイングランドの丘

家族で一日のんびり過ごせる

イギリス湖水地方をテーマにした農業公園。旬の野菜の収穫やパン作り体験など体験メニューが充実している。ひまわりやコスモスなどの四季の花々も好評。

DATA ☎0799-43-2626 営9:30〜17:00 料1,000円 休12〜2月は第3火曜（イチゴ、トマト温室は水曜）所兵庫県南あわじ市八木養宜上1401 交神戸淡路鳴門自動車道洲本ICから車で13分 Pあり MAPP127

慶野松原海水浴場
（けいのまつばら）

絶景の中で海水浴を楽しめる

瀬戸内随一の白砂青松として名を馳せ、南北約2.5キロメートルの砂浜に数万本の松が並ぶ。「日本の渚百選」や「快水浴場百選」にも選定され、夏場は多くの人で賑わう。

DATA ☎0799-36-3391 営8:00〜17:00（7月初旬〜8月下旬）料無料 休期間中無休 所兵庫県南あわじ市松帆古津路 交神戸淡路鳴門自動車道西淡三原ICから車で8分 Pあり（700円）MAPP203 B-2

道の駅福良
（ふくら）

グルメや足湯と楽しみ方も多彩

レストランでは新鮮な瀬戸内の魚介を使った海鮮丼が人気で、足湯は旅の疲れを癒すのに最適。近くに淡路人形浄瑠璃の劇場があり、展望台から鳴門のうずしおを観察できる。

DATA ☎0799-52-2336（南あわじ観光案内所）営9:00〜17:00 休無休 所兵庫県南あわじ市福良甲1528-4地先 交神戸淡路鳴門自動車道西淡三原ICから車で15分 Pあり MAPP127

奈良県桜井市

は し な か お お い け

箸中大池 🍁

卑弥呼の墓とも伝わる箸墓古墳の 傍らにあるロマン漂うため池

孝霊天皇皇女の墓とされる前方後円墳は、卑弥呼の墓とも囁かれている。そこは歴史ロマンの舞台であり、傍らにあって一帯の農地を潤し続ける「大池」の景色も味わい深い。

前方後円墳と隣り合う かんがい用ため池

箸中大池は奈良県桜井市大字箸中にある面積3.22ヘクタールのため池で、地元では「大池」または「コモ池」と呼ばれ、周辺の36.7ヘクタールの農地をかんがいしている。

池に隣接する箸墓古墳は古墳時代初期（3世

紀後半ごろ）を代表する大型の前方後円墳で、第7代孝霊天皇皇女・倭迹迹日百襲姫命（やまとととひももそひめのみこと）の墓として宮内庁が管理している。『日本書紀』の記述によれば、倭迹迹日百襲姫命は崇神天皇の時代に活躍したシャーマンであり、大神神社の祭神である大物主神の妻であった。「夫が白蛇であることに驚き、女陰に箸を突き刺して自死した」という壮絶な伝説も残る人物だが、この古墳を『魏志倭

人伝』が伝える倭国の女王卑弥呼の墓と見立てる研究者もいて、正確なことは分かっていない。

複雑な形は迷信に由来し、
のどかな里の風景を演出

奈良盆地に無数に見られるため池は「大和の皿池」ともいわれ、水深の平均はおよそ3尺（約1メートル）である。ため池を造る際には、2尺掘りにするか3尺掘りにするかを決め、掘った土を盛って堤防を築いた。箸中大池の堤防は、直線ではなく出張りと入込みが見られるが、このような形の池は昔の農民が迷信を信じ築造されたものと考えられる。池の堤防のどの一角の隅に立って見ても、どこかに見えない隅ができるように造る。これは、池には魔物が棲むといわれ、人目が触れないように1カ所魔物

古墳を取り囲むかんがい用ため池

が隠れる場所を残したためとされ、大池はこの迷信を信じた古人の手によるため池であろう。近世に築造された新池とは異なるものである。箸中大池は平成22（2010）年、「ため池百選」に選定された。

神話と伝説のふるさと、大和路は春に訪れるのがよい。三輪山も間近に見え、桜並木と菜の花が美しいのどかな里の風景がここにはある。

春は桜と菜の花がため池に彩りを添える

ACCESS
🚗 西名阪自動車道天理ICから車で30分
🚃 JR・近鉄桜井駅から車で10分

オススメ周辺情報

長谷寺 （はせでら）

花の御寺として有名

朱鳥元（686）年、僧道明上人が天武天皇のために銅板法華説相図（国宝）を安置したことが始まりとされる。本尊十一面観音像をはじめ、約千点にも及ぶ文化財を所蔵する。

DATA ☎0744-47-7001 営8:30〜17:00（3・10・11月は9:00〜17:00、12〜2月は9:00〜16:30）料入山料500円 休無休 所奈良県桜井市初瀬731-1 交西名阪自動車道天理ICから車で32分 Pあり（500円）MAPP129

談山神社 （たんざん）

重要文化財が並ぶ華麗な社殿

藤原鎌足の長男・定慧が木造十三重塔（重要文化財）を建てたことが始まりとされ、社名は御祭神である藤原鎌足公が中大兄皇子とともに蘇我入鹿を誅殺するため談合した「談い山」から取ったと伝わる。

DATA ☎0744-49-0001 営8:30〜16:30 料600円 休無休 所奈良県桜井市多武峰319 交西名阪自動車道天理ICから車で45分 Pあり MAPP203 B-2

三輪そうめん （みわ）

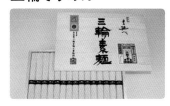

麺類好きなら絶対食べたい

日本の麺食文化のルーツともされる三輪そうめん。厳冬期に伝統的な手延べ製法で作られ、糸のように細く、しっかりしたコシがあり、他とは違った独特の風味と食感が魅力。

DATA ☎0744-42-6068（奈良県三輪素麺工業協同組合） 所奈良県桜井市内の店舗で提供

山口県山口市

江畑溜池堰堤 🍁
えばたためいけえんてい

コンクリートと花崗岩で造られた
国内最古のかんがい用コンクリート造重力式ダム

江畑溜池堰堤は、土堰堤の決壊を経て、堅固に再建された国内最古のかんがい用コンクリート造重力式ダムだ。近代の土木技術の発達を物語る文化遺産でもある。

甚大な被害をもたらした
初代ダムの決壊を教訓に

山口市阿知須源河にある江畑溜池堰堤は、昭和5（1930）年に完成したコンクリート造りの重力式ダムである。

明治22（1889）年、井関村の徳田譲甫（とくだじょうすけ）によって同じ地域に土堰堤が築造されたが、翌年の豪雨によって決壊し、甚大な被害をもたらす事故が起きた。その後、しばらくの間、下流の人たちの反対によって溜池の再建は見送られたものの、再建にかける徳田の思いは強く、私費を投じて被災者への補償を行ったとされる。やがて、井関村の村長に就任した徳田は、ダムの再建に向けて国や県に何度も働きかけた。この結果、江畑溜池堰堤は昭和2（1927）年、国の補助によって再建計画が立

案され、3年後の昭和5（1930）年、山口県の技師である武富憲時らの手によって完成にこぎつけた。

　江畑溜池堰堤は、堤長68.8メートル、堤高14.4メートル。強度の高い玉石コンクリート造りで、堤体の表面は花崗岩を使った石張りとなっている。中央越流式堰堤で、越流部脇に半円形の取水塔がある。貯水量は45万立方メートル、流域面積は115ヘクタールに及ぶ。完成から長い歳月を経た現在も現役で、約30ヘクタールの農地を潤している。

豊かな自然の中にあるため池は、常に静寂に包まれている

物）に登録された。近代における農業土木技術の発達や、地域の歩みを知る上でも重要な意味を持っている。

　現在、江畑溜池堰堤の周囲はゴルフ場として開発されている。ダムのそばには駐車場がなく訪れる人は少ないものの、緑の中にたたずむ姿は美しく、当時の技術力の高さと、建設に尽力した人々の強い思いを感じさせる。

歴史的価値が認められ
国の登録有形文化財に

歳月の経過で黒々とした花崗岩は重厚で風格が漂う

国内のかんがい用コンクリート重力式堰堤の中で江畑溜池堰堤は最も古く、その歴史的価値が認められ、平成13（2001）年に国の登録有形文化財（建造

ACCESS
🚗 山口宇部道路阿知須ICから車で5分
🚈 JR宇部線阿知須駅から車で15分

オススメ周辺情報

国宝瑠璃光寺五重塔
（りるりこうじ）

山口観光のシンボル

応永の乱で戦死した大内義弘の菩提を弔うため建立が計画され、嘉吉2（1442）年ごろに完成した。高さ31.2メートルあり、日本三名塔の一つに数えられている。

DATA ☎083-934-6630（香山公園前観光案内所）営見学自由 料無料 休無休 所山口県山口市香山町7-1 交中国自動車道山口ICから車で15分 Pあり MAP P203 A-2

十朋亭維新館
（じっぽうていいしんかん）

明治維新の策源地山口が分かる

明治維新を支えた山口のゆかりの志士や町人などの生き様や暮らしぶりを紹介。展示室では長州藩や山口が果たしてきた役割をプロジェクションマッピングなども用いて解説している。

DATA ☎083-902-1688 営9:00〜17:00 料無料、本館展示室のみ有料（高校生以上200円、小中学生100円）休火曜（祝日の場合は翌日）所山口県山口市下堅小路112 交JR山口駅から徒歩15分 Pなし MAP P203 A-2

阿知須いぐらの館
（あじすやかた）

廻船業で栄えた歴史を伝える

江戸中期から明治初期に廻船業の港町として栄えた阿知須地区。火災から家を守る居蔵造の家屋が今も残り、いぐらの館では廻船業の歴史や居蔵造の特徴などを紹介している。

DATA ☎0836-65-2403 営10:00〜16:00 料無料 休水・木曜（祝日の場合は翌日）所山口県山口市阿知須縄田北3425 交山口宇部道路阿知須ICから車で8分 Pあり MAP P131

香川県小豆郡土庄町

蛙子池

農村歌舞伎発祥の契機となった
数千匹の蛙が生息していたため池

江戸時代の小豆島に、水不足に苦しむ農民の窮状を見かね、山奥に水源を求めて歩き尽くした庄屋がいた。やがて庄屋が見つけたのは、無数の蛙が生息する小さな水たまりだった。

私財を投じて池を築いた
村の大庄屋太田伊左衛門

蛙子池は小豆島のほぼ中央部、伝法川の上流で貞享3（1686）年に造られたため池である。現在も流域の農地200ヘクタール余りをかんがいする地域の取水源である。小豆島は雨量が少ないうえに地形が急峻なため、降った雨がた

ちまち海に流れてしまい、川には常に水がなく、島民は昔から干ばつに苦しめられてきた。

当時の肥土山（ひとやま）村の大庄屋太田伊左衛門は、「農民の窮状を救うためには、伝法川を堰き止めて大池を築くしかない」と考え、谷から谷を歩き尽くして、ようやく見つけた場所が現在の蛙子池あたりであった。この場所は当時、自然の水たまりで、そこに数千匹の蛙が棲みついていたことから「蛙子」と呼ばれていた。

伊左衛門は倉敷代官所にため池築造の許可と援助を嘆願し、翌天和3（1683）年、工事に着手した。代官所との約束により工事はすべて地元民の手で行うこととされていたが、山奥での工事は地元民の負担も大きく、工事は難航を極めた。このため、伊左衛門は資金作りに自分の山林から田畑、家財まで売り払うなど苦労を重ね、3年後の春、池は完成にこぎつけた。

歓喜した村人が催した芝居が肥土山農村歌舞伎に発展

6月15日、ため池からの待望の水が肥土山村の二宮八幡境内にまで達した。歓喜した村人たちは神社の境内に仮小屋を建てて役者一座の芝居を催し、池の完成を祝った。これが現在まで続く「肥土山農村歌舞伎」の始まりといわれる。

この農村歌舞伎は、後継者を育成し歌舞伎を保存継承していることが評価され、「第7回むらの伝統文化顕彰」で最優秀賞の農林水産大臣賞を受賞した。歌舞伎の舞台は1900年に建て替えられた茅葺き寄せ棟造りで、屋根には蛙子池周辺の茅が使われている。

池築造をきっかけに生まれた伝統文化は地元の人々によって受け継がれており、蛙子池は地域のかけがえのない資産となっている。

蛙子池から銚子渓までの約1キロメートルにわたって平成18（2006）年から約1,000本の桜が植樹され、シーズン中は茶会も開催される

ACCESS
🚢 土庄港から車で25分

蛙子池 香川県小豆郡土庄町

オススメ周辺情報

肥土山農村歌舞伎（ひとやまのうそんかぶき）

330年以上受け継がれる伝統行事

貞享3(1686)年に農業用ため池の完成を祝って始まったと伝わる農村歌舞伎。県無形民俗文化財に指定されており、毎年5月3日に離宮八幡神社の舞台で奉納される。

DATA ☎0879-82-1775（小豆島観光協会）営15:00〜20:30 料観覧無料 所香川県小豆郡土庄町肥土山 肥土山離宮八幡神社 交土庄港から車で15分 Pあり MAPP133

エンジェルロード

不思議なロマンチックスポット

潮が引くと現れる砂の道を「エンジェルロード」と呼び、島に歩いて渡ることができる。「大切な人と手をつないで渡ると願いがかなう」といわれることから恋人たちに人気が高い。

DATA ☎0879-62-7004（土庄町商工観光課）見学自由、道が現れる時刻はHP等で要確認 所香川県小豆郡土庄町銀波浦 交土庄港から車で5分 Pあり MAPP133

道の駅 小豆島オリーブ公園（しょうどしま）

フォトジェニックな道の駅

約2,000本のオリーブの木に囲まれた道の駅。海を見下ろす丘の上にある風車やイングリッシュガーデンに囲まれた映画『魔女の宅急便』ロケセットなど、非日常空間が広がる。

DATA ☎0879-82-2200 営8:30〜17:00 休無休 所香川県小豆郡小豆島町西村甲1941-1 交土庄港から小豆島オリーブバスで30〜40分、オリーブ公園口下車、徒歩5分 Pあり MAPP133

沖縄県島尻郡久米島町

カンジンため池 ❀

海に流れ出る地下水をためた
世界的にも珍しい地表湛水型地下ダム

カンジンため池は沖縄の久米島で造られた地表湛水型の地下ダムだ。くぼ地に地下水を貯めて、雨水に依存してきた島の農業に安定した水の供給をもたらした。

天然のくぼ地ウバーレに
地下水をため農業用水に

　久米島の南西側に広がる琉球石灰岩台地は土壌の保水力が弱い。雨水がすぐ地下に浸透して海へ流れ出てしまうため、栽培できる農作物が少なく、農家にとっては安定した水の確保が何よりの願いだった。そこで、河川の水と雨が石

灰岩を溶かしてできたウバーレと呼ばれるくぼ地をため池に転用し、地下水をためることが計画され、地下水の流れを堰き止める止水壁を地中に築き、平成17（2005）年に世界で初めての地表湛水型地下ダムが完成した。

　カンジン貯水池は、地表水30メートル、地下の石灰岩で40メートル湛水でき、総貯水量は158万トン。島のダムや池の総貯水量の約4割を占める。受益面積は338ヘクタールに及び、

カンジンため池　沖縄県島尻郡久米島町

計画上では久米島の農家893戸のうち、約4割に当たる366戸が受益農家となる。地域では貯水池の水を生かした農業が盛んで、芋やサトウキビを主力に、さといも、電照菊、葉たばこなどさまざまな農作物が栽培されている。

植栽や魚の放流など
自然の力で水質浄化

貯水池の水質浄化施設として、ダム湖内には約2ヘクタールの棚田とホタル水路が配置され、貯水池に流れ出てくるダム貯留水を自然の力で緩やかに浄化している。水質浄化力を高めるために、サガリバナの植栽や、フナなどの在来魚の放流、水草の放流などが行われており、シュロガヤツリなどの外来植物や、ブルーギルやテラピアなど外来魚の除去作業も続けられている。

貯水池には、久米島だけに生息し、沖縄県指定天然記念物となっているクメジ

釣りや水辺の生き物観察など子どもの遊び場にもなっている

マボタルなど、希少種の生き物が生息している。水辺の景観がすばらしく、ホタルや水鳥、星空の観察に訪れる人も多い。

世界的にも貴重な地下ダムの仕組みと、積極的な環境保全活動が評価され、平成22（2010）年、農林水産省の「ため池百選」に選定された。

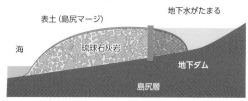

断面図（イメージ）。透水性の高い琉球石灰岩を掘って、壁（図中の赤色部分）を造り、上流に水をためる

ACCESS
✈ 久米島空港から車で15分

オススメ周辺情報

久間地集落（くまぢ）

4月中旬にクメジマボタルが乱舞

カンジンため池の近くの集落で、樹齢250年の琉球松「五枝の松」（国指定天然記念物）がシンボルだ。4月中旬ごろに乱舞するクメジマボタルの生息地としても有名。

DATA ☎098-851-9162（久米島町商工観光課）所沖縄県島尻郡久米島町 交久米島空港から車で15分 MAP P135

久米島ホタル館（くめじま）

淡水の生き物の魅力を発信

クメジマボタルをはじめとする湿地や川の淡水に生息する生き物を学び、川遊びを体験できる施設。カンジンダムの生物浄化システムも学べ、子どものイラスト解説なども楽しい。

DATA ☎098-896-7100 営9:30〜16:30 料100円 休月・火曜（夏休み期間中は無休）所沖縄県島尻郡久米島町大田420 交久米島空港から車で9分 Pあり MAP P135

久米島馬牧場（くめじまうま）

島と馬の関わりの深さを学ぶ

琉球王朝時代、沖縄は馬産地として栄え、中国にも輸出していた。久米島でも馬は農耕や移動手段として大切にされてきた。そんな在来系の馬たちとふれあえるスポット。

DATA ☎080-6491-1950 営10:00〜17:00 料浜散歩6000円（30分）、海馬遊び1万3,000円（45分）休不定休 所沖縄県島尻郡久米島町字上江州457-135メッセハイツ102（事務所）交久米島空港から車で15分 Pあり MAP P135

日本は瑞穂の国である。津々浦々で営みが続く水田、棚田には、日本人の心性が宿っている。東大寺の風物詩である子どもたちの田植えを通して、脈々と守られてきた日本の美田の物語をつづっていく。

棚田・水田遺跡

東大寺二月堂供田 ／奈良県奈良市 （本文152頁掲載）

東大寺の風物詩となった
子どもたちの田植え
自然の営み、生の営みを教える
厳粛な農事

「米」という字は八十八の手間がかかる米作りに由来するといわれる。奈良市の東大寺では、米作りの作業の一端を子どもたちが体験する「田植え」が毎年行われている。

令和元（2019）年の6月上旬、二月堂供田には、梅雨入り前の強い日差しのもと、東大寺学園幼稚園の年長組園児38人と同学園中学の2年生179人が集まった。供田は二月堂裏参道と大湯屋に挟まれた縦横30メートル、広さ約900平方メートルの一枚田で、個人所有だったものを平成15（2003）年9月に東大寺が譲り受けた。

以来この田では、二月堂の伝統行事「修二会（お水取り）」でお供え用の餅に使うもち米を栽培している。水の管理や草取りなど平常の世話は管理係の大人が行うが、田植えと稲刈りだけは子どもたちの出番だ。平成16（2004）年に幼稚園の行事として始まり、その5年後から寺について学ぶ「東大寺学」の授業の一環として中学生も加わった。

東大寺学園幼稚園の上野周真園長は「幼稚園児は普段食べているお米がどのようにして育っているか知りません。今は農家も機械を駆使する時代ですが、自分の手で植えて刈ることによって農家の大変さが分かると思います」と語る。秋には約180キログラムのもち米を収穫し、幼稚園で12月に餅つきをして皆でいただくのだという。

泥にまみれながら田植えに励む東大寺学園中学校の生徒たち

食と農の大切さを語る東大寺学園幼稚園の上野周真園長

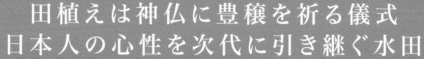

田植えは神仏に豊穣を祈る儀式
日本人の心性を次代に引き継ぐ水田

スタッフから説明を受け、園児1人に中学生2人が付き、二月堂の行事に供えるもち米の苗を植えた

東大寺二月堂供田の一角には、個人から土地が譲渡されたことを示す記念碑がある

　水が張られた田を前に、園児と中学生が管理係の人から田植えの作法やしきたりを教わっていた。

管理係 「これ、もち米の苗。2本か3本を持って、親指、人差し指、中指で土の中に植えてください。それと、前を向いて植えるのではなく、後ろ向きに植えるんですよ。園児さんの手首から肘くらいまでの間隔を開けること。あけないと苗が大きくならない。分かりますか」

園　児 「はーい！」

管理係 「これから苗を渡すので2本か3本、4本でもいいですよ、苗を持って、できるだけ土の中にちゃんと埋めてくださいよ。分かりましたか」

園　児 「はーい！」

管理係 「そしたら、田んぼに入って植えていきましょう」

先　生 「中学生のお兄ちゃんたちは、幼稚園の子どもがよく分からないと思うので、一緒に植えてあげてください。苗が浮いてこないように、しっかり植えてくださいよ。わかった？」

中学生 「はい」

　こぶし大の苗の固まりを受け取り、園児と中学生が供田に入っていく。園児1人と中学生2人が一組になり、一緒に苗を植えている。緊張のせいか誰もが寡黙だ。30分もすると田の3分の1あたりまで植え終わり、不揃いながらも水面から出た緑色のかぼそい苗が一斉に風に揺れた。その後の田植えは中学生だけで行い、田植えは2時間足らずで滞りなく終わった。

　一筋の苗が水と土と出会い、数百の花をつけ、秋には実って人々の糧となる…。仏に捧げられる東大寺の田植えは、子どもたちに自然の営み、生の営みを教える厳粛な農事であり、二月堂供田の意義を際立たせる風物詩である。

新潟県佐渡市

<ruby>佐<rt>さ</rt></ruby><ruby>渡<rt>ど</rt></ruby>の<ruby>車<rt>くる</rt></ruby><ruby>田<rt>ま</rt></ruby><ruby>植<rt>だうえ</rt></ruby>

佐渡の車田植 ✿

佐渡の一軒の農家が守る
田植えじまいの習俗

3人の早乙女が田に入り、後ずさりしながら苗を植えていく車田植えが佐渡の一軒の農家に
代々伝わっている。重要無形民俗文化財にも指定され、古い時代の農耕習俗を今に伝える。

毎年田植えの最終日に
北村家に伝わる行事

　「佐渡の車田植」は、北鵜島の北村家に代々
伝わる農耕行事で、毎年5月中旬から下旬ご
ろ、田植えが終わる最後の日に行われる古風な
田植えじまいの習わしである。

　田植えをする日の早朝に、苗代田から苗3

束を迎え、握り飯を供えて田の神を祀った後、
その苗を田主が車田へ持ち運び、田面にお神酒
を注いでから田植えは始められる。3人の早乙
女が3方から田に入り、まず田の中央に苗を
寄せ合うようにして植える。それを中心に、時
計回りに渦巻き状に外側へと後ずさりしながら
苗を植えていくのである。畦では農家の老婦人
たちが田植え歌を唄い続ける。

佐渡の車田植 新潟県佐渡市

今日は日もよしヨウ　天気もよいしヨウ
植えた車田はヨウ
穂に穂がさがるヨウ
ダンエー　カカヨー　ソレサ　ソレソレ
これは大事な　年貢の田だ
升はまどろし　斗で計らっしゃれ
今日は名主どんの　おおだが植える
ダンエー　カカヨー　ソレサ　ソレソレ

はやしことばが入る素朴でのどかな歌の言葉の一つひとつに、農家の稲作への心意気と願いがにじみ出ている。

起源は奈良時代の豊作を祈る神事

苗を丸く植えるのは、豊作の神が降りてくる目印とも、恵みの太陽の形を表すともいわれる。神に豊作を祈る奈良時代の田植え神事が起源とされるが、稲刈りや乾燥、籾摺りなどが他の田と区別して行われるなど、古い時代の日本の農耕習俗を残す重要な行事として「佐渡の車田植」は昭和54（1979）年に国の重要無形民俗文化財に指定された。

かつては、岩手県や岐阜県、高知県などにも同様の習俗が伝わっていたが、現在で

3人の早乙女が田の中心から車状に外側に「の」の字形に後ずさりしながら植えていく

はほとんどが消滅している。佐渡でも、以前は相川地区高瀬、千本、大倉などに見られたが、現在は北鵜島の北村家だけに残っている。

佐渡の車田植 ○

45

81

両津港

佐渡空港
45

306　350　トキの森公園

農家民宿植えた

ACCESS
🚢 佐渡汽船両津港ターミナルから車で60分

オススメ周辺情報

岩首昇竜棚田
（いわくびしょうりゅうたなだ）

棚田と海を一望する絶景が広がる

海沿いの集落から標高350メートルを越える急峻な山間にまで、およそ460枚の棚田が連なる。棚田に朝日が差し込む光景が美しく「棚田散策ツアー」も実施されている。

DATA ☎0259-27-5000（佐渡観光交流機構 佐渡観光情報案内所）所新潟県佐渡市岩首 交両津港から車で45分 Ｐあり MAP P204 B-1

トキの森公園

美しい里山とトキの共存を目指す

里山を主な生息地としたトキが国内で絶滅後、野生復帰を目指して造られた施設。園内にはトキ資料展示館とトキふれあいプラザがあり、自然に近い環境でトキを観察できる。

DATA ☎0259-22-4123 営8:30～17:00（入場は～16:30）料400円 休月曜（3～11月は無休）所新潟県佐渡市新穂長畝383-2 交両津港から車で20分 Ｐあり MAP P139

農家民宿植えた

佐渡でスローライフを満喫

佐渡市役所の近くにある、1日1組限定の農家民宿。佐渡の郷土料理のもてなしに加え、自然に親しみながら、農業体験やしそジュースづくり（季節限定）などの体験ができる。

DATA ☎0259-63-3561 料1泊2食・1人8,500円～ 休無休 所新潟県佐渡市中興乙1464 交両津港から車で20分 Ｐあり MAP P139

岐阜県高山市

高山の車田

同心円状に植えた稲は
伊勢神宮への奉納米

高山の車田では、円形の水田に車輪の形を描くようにして田植えが行われる。穢れを避け、清浄な水と肥料のみを使い、穫れた米は伊勢神宮へ奉納されたと伝わっている。

珍しい円形の水田と
独特な田植えの手法

　高山市松之木町には「車田」という珍しい円形の水田がある。車輪のように丸く苗を植えるのが特徴で、現在、佐渡とここだけに伝わるといわれている。

　車田では毎年5月、独特の田植え風景が見られる。

　苗の植え方は、田の中心に杭を打ち、中心から7本の線を放射状に出す。苗3本を一株として1本の線上に5株植えたら、あとはその外側に同心円を描くようにして植え

田んぼの中央から輪になりながら車輪のように丸く苗を植えていく

140

進める。

文献に見る車田の起こりと伊勢神宮とのつながり

車田がいつごろ始まったかは明らかではないが、代々この地を領した金森氏が入国する天正14（1586）年以前から清浄な谷地における神饌田（しんせんでん）としての車田が存在していたと推定される。高山城主であった3代金森重頼（1650年没）が、鷹狩りの帰途、車田に立ち寄り詠んだとされる一首「車田にてよめる」という和歌が最も古い記録といわれている。

見るもうし植うるも苦し車田の
めぐりめぐりて早苗取るかな

元禄検地に基づいて元禄7（1694）年に描かれたとされる「松之木村絵図」には「車田」の字名が残っている。

さらに、飛騨国代官長谷川忠崇が著した『飛州志』には、飛騨の稲作業についての事柄が記されている。その中で「車田」について、古く

は伊勢神宮への神供米を作る田であったとの伝承について記述している。国学者の田中大秀は車田に関して考証し、伊勢神宮の領地の諸国一覧表などを記した『神鳳鈔』（じんぽうしょう）の中にある「飛騨国穴野御厨」がこれであると比定した。こうした文献から、昔は車田で収穫した米は神に供えるため伊勢神宮へ奉納されたと考えられる。そのため、車田では下肥は全く使わず、汚れた水も流れ込まないようにした。穢れを避け、わらなど清浄な肥料だけが使われることも車田の大きな特徴である。

ACCESS
🚗 中部縦貫自動車道高山ICから車で23分
🚃 JR高山駅から車で20分

オススメ周辺情報

飛騨の里

飛騨各地の暮らしぶりを体感

飛騨高山にある広大な集落博物館。合掌造りをはじめとした飛騨の古く貴重な民家が移築復元され、懐かしい農山村の暮らしや昔から飛騨に伝わる季節の行事を再現している。

DATA ☎0577-34-4711 営8:30〜17:00 料700円 休無休 所岐阜県高山市上岡本町1-590 交JR高山駅から濃飛バスで約10分、飛騨の里下車 Pあり（有料）MAP P141

荒城郷（あらきごう）まほろば文化村

農村活性化の新たなモデル事業

JAひだが運営する荒城農業体験交流館を中心に、農村活性化のモデル事業としてスタートした。子どもたちを対象とした農業体験（年間体験コース）や食育目的の陶芸体験（要予約）ができる。

DATA ☎0577-72-3840（高山市荒城農業体験交流館・雅窯） 営9:30〜17:00（陶芸教室） 料陶芸体験は3,000円（陶芸教室） 休無休（陶芸教室） 所岐阜県高山市国府町八日町631-1 交中部縦貫自動車道高山ICから車で20分 Pあり MAP P204 A-2

一般社団法人ふるさと体験飛騨高山（ひだたかやま）

飛騨高山で農山村体験を楽しむ

豊かな自然や素朴な農山村が広がる広大な飛騨高山エリアで、体験民宿に宿泊して地元の人たちとふれあいながら農業や食文化などさまざまな体験が楽しめる。詳細はHPをチェック。

DATA ☎0577-79-2005（一般社団法人ふるさと体験飛騨高山） 休体験により異なる 所岐阜県高山市丹生川町日面73-1（体験場所はそれぞれ異なる）HP https://www.furusato-taiken.com

岐阜県海津市

堀田 （ほりた） 🪻

海抜ゼロメートル地帯で
泥をかき上げて造った水田

輪中（わじゅう）の集積で知られる木曽川、長良川、揖斐川に囲まれた湿地帯の農業は、
戦後の土地改良事業によりすっかり様変わりした。在りし日の「堀田農業」を訪ねた。

土地改良事業で消えた
泥と格闘した堀田の日々

　海津（かいづ）市は、岐阜県西南部の木曽川、長良川、揖斐（いび）川に囲まれた海抜ゼロメートルの輪中地帯で、かつては堀田農業を行っていた。「堀田」とは、沼田の一部を掘り、その際に出た泥を盛って隣の田を高くした掘り上げ田のことである。一方、掘られた側の、以前より土地が低く水深も深くなった沼田は「堀潰れ」と呼ばれた。「くね田」と呼ばれ、米以外の野菜などの農作物を育てるため、通常の堀田よりも高く土盛りをした農地もあった。水路の中で田舟を操り、泥をかき上げ、堀田を耕す農業は、低地で暮らす人々の知恵から生まれた湿地独特の耕作方法だったが、その労苦は平坦な水田地帯とは比べものにならない。

堀田は、昭和29（1954）年から同44（1969）年にかけて行われた土地改良事業により見られなくなったが、水郷地域の歴史文化と失われた風景を伝える場として、海津市歴史民俗資料館があるので、その一部を紹介する。

輪中の農業の理解が深まる
歴史民俗資料館の展示品

歴史民俗資料館の前庭には、輪中低湿地の米の生産を高めるための手段であった堀田が復元されている。土地改良事業の際に堀田の埋め立てに使われたトロッコや、輪中内の悪水を排除するために設置された「ゐのくち式渦巻きポンプ（本文98頁掲載）」、干満差を利用して自然排水を行った「金廻四間門樋（かなまわりしけんもんぴ）」が見られる。

館内の第一展示室は、水害から集落を守るために周囲を堤防で囲んだ輪中の成り立ちと輪中の知恵、河川改修や排水など輪中の歴史が分かる資料を展示している。第二展示室は実際に使われていた農具や生活用具、漁具などを展示しており、現代の生活と比較しながら輪中の知恵

や工夫が学べる。このほか、4,600分の1縮尺の「ジオラマ」は、明治24（1891）年当時の地形がビデオ説明の半ばから現在の高須輪中の地形に切り替わり、河川改修や土地改良の様子などが一目で分かる。

市歴史民俗資料館にはかつて輪中地域一帯に広がっていた堀田が復元されている

ACCESS

🚗 東名阪自動車道長島ICから車で30分

オススメ周辺情報

木曽三川公園センター「輪中の農家」
（きそさんせん）（わじゅう）

川とともに生きた先人の知恵

かつて一帯は水害が多く、人々は屋敷の一部を高く積み上げて水屋を造り、そこに日常生活の道具を入れていた。当時の農家を再現し、先人たちの暮らしぶりを紹介する。

DATA ☎0584-54-5531（木曽三川公園管理センター）営9:30～17:00（季節により異なる）料無料 休第2月曜（4月・8月・12月を除く、休日の場合は直後の平日）所岐阜県海津市海津町油島255-3 交東名阪自動車道桑名東ICより車で15分 Pあり MAPP143

千代保稲荷神社
（ちよほいなり）

参道のそぞろ歩きも楽しい

「おちょぼさん」の愛称で親しまれ、商売繁盛・家内安全にご利益があると伝わる。約120軒の店が連なる参道があり、月末の「月越参り」は夜通し参拝者でにぎわう。

DATA ☎0584-66-2613 営拝観無料 料無料 休無休 所岐阜県海津市平田町三郷1980 交岐阜羽島駅から海津市コミュニティバスで20分、お千代保稲荷下車すぐ Pあり MAPP204 A-3

道の駅 月見の里 南濃
（つきみ）（さとなんのう）

養老山脈の麓でリラックス

国道258号線沿いにある広大な敷地の道の駅。特産品や農作物直売所のほか足湯もある。養老山脈から広がる扇状地にあるため、濃尾平野を一望する絶景が楽しめる。

DATA ☎0584-58-0258 営8:00～18:00（店舗により異なる）休無休 所岐阜県海津市南濃町羽沢673-1 交名神高速道路大垣IC、東名阪自動車道桑名東ICから車で20分 Pあり MAPP143

滋賀県近江八幡市

権座 <ruby>権<rt>ご</rt></ruby><ruby>座<rt>ん ざ</rt></ruby> ❀

田舟が行き交う
のどかな水郷の原風景

琵琶湖につながる西の湖にはかつて7つの「水田の島」があった。今では権座だけが島として残り、住民たちによる水郷保全の活動が始まっている。

干拓で取り残された
西の湖に浮かぶ水田の島

　権座は近江八幡市街の北、琵琶湖につながる長命寺川が西の湖から出る間際にある。面積2.5ヘクタールの水田の島で、もともとは川の中州の飛び地の一つだった。かつて西の湖には同様な小島が7つ点在し、田舟が行き交ったも

のだが、昭和40 (1965) 年に始まった干拓で6つの島が陸続きとなり、権座だけが島として残った。

　権座の田んぼの持ち主は十数人いて、皆、対岸部にも農地を持っている。田んぼ仕事のために1日数回、田舟を操って島に渡る。田植えや収穫時には3、4隻の舟を並べて横板を渡し農業機械を運び込む。そんなのどかな水郷の原風景が権座の周辺だけに残されたが、そうした希

少な価値に誰も気づかないまま歳月が過ぎていった。

権座をブランド化し
水郷風景を保全する取り組み

　ところが平成18（2006）年、権座を含む周囲の水郷が文化財保護法に基づく「重要文化的景観」に全国で初めて指定されると、平成20年、営農組合を母体に「権座・水郷を守り育てる会」が組織されて権座と周辺の景観を守る取り組みが始まり、名産品も生まれた。

　住民たちはそれまで島で栽培していた食用米を「滋賀渡船6号」という酒米に切り替え、酒造りに挑んだ。稲穂が長くて風で倒れやすく栽培が難しい品種だったが、田舟で島と陸地とを行き来した水郷の景色にも通じる「渡船」の名前にほれ込んだからだった。1.5ヘクタールの水田から収穫されたこの酒米で、東近江市の老舗蔵元が毎年純米吟醸酒「権座」を醸している。1升瓶にして年間3,000本ほどしか造れないという。

　守り育てる会では広く「権座サポーター」を募り、会員向けに水郷コンサートや収穫感謝祭、田植え・稲刈り体験、田舟漕ぎ体験などの事業を楽しく展開している。「権座のブランド価値を高めること」それこそが持続可能な地域農業経営と水郷の風景保全に不可欠だとする確信にゆるぎはない。

湖上に浮かぶ田んぼ「権座」には船で向かう。昔は食用米を作っていたが今は酒米を育てている

```
ACCESS
🚗 名神高速道路竜王ICから車で30分
```

オススメ周辺情報

大中の湖干拓農業地域
（だいなか）

広々とした田んぼで近江米を栽培

大中の湖は、かつて琵琶湖の内湖の中で最大の面積を有した。干拓後は稲作、野菜、畜産などが盛んで、稲作における田んぼの広さが有名。直売所で農作物を購入できる。

DATA ☎0748-29-3920（東近江市観光協会）所滋賀県近江八幡市・東近江市 交名神高速道路竜王ICから車で35分 MAP P145

農産物直売所 びわこだいなか愛菜館
（あいさいかん）

作り手とのふれあいを楽しむ

作り手と消費者の交流を目的に、干拓地で作られた農産物の直売所のほか、農産物の加工体験、イチゴやトマトなど季節の野菜や果物の収穫体験もできる。

DATA ☎0748-33-3580 営9:00〜18:00 休無休 所滋賀県近江八幡市大中450-5 交名神高速道路竜王ICから車で35分 Pあり MAP P145

休暇村近江八幡「近江牛会席」
（おうみはちまん）（おうみぎゅうかいせき）

眺望と温泉、グルメを堪能

目の前に琵琶湖、沖島などを望む宿。地産地消にこだわったメニュー（季節により異なる）を提供し、日帰りでも近江牛メニューを味わえる。近江牛を専門に扱う「村のお肉屋さん」も併設する。

DATA ☎0748-32-3138 料1泊2食・1人1万1,550円〜 休不定休 所滋賀県近江八幡市沖島町宮ヶ浜 交名神高速道路竜王ICから車で35分 Pあり MAP P145

八町八反

はっちょうはったん

1000年の時を超えて
受け継がれる条里制水田

萩市沖に浮かぶ見島(みしま)は渡り鳥の中継地として知られる。この小島には中世
条里制の形をとどめる田が奇跡的に残り、今も現役で稲作が続けられている。

明治期の耕地整理の面影残す
短冊形の水田が並ぶ

　山口県萩市の北西約45キロメートルの日本
海に浮かぶ見島は、面積7.8平方キロメート
ル、周囲24.3キロメートルの小さな島だ。萩
市には7つの島があるが、見島はそれらの中
で本州から最も遠い位置にある。形はほぼ二等

辺三角形で、西側は瀬高山地となり、比較的起
伏が少ない東側の宇津と南側の本村の2カ所
に集落があり、約700人が主に農業と漁業を
生業にして暮らしている。付近を流れる対馬暖
流の影響から見島は山口県内でも瀬戸内と並ぶ
暖かい地域といわれるものの、冬は季節風が吹
き抜ける日本海側特有の気候となる。

　見島の本村港からしばらく歩くと、古くから
「八町八反」と呼ばれた水田地帯が広がってい

る。この総面積約15ヘクタールの四角い田地は、田の一枚一枚が短冊形に整然と区切られていて、さながら明治時代に全国的に行われた耕地整理後の水田を彷彿させる。しかし実は、古代から中世にかけて造られた条里制の田んぼであり、約1000年の時を超えてその姿を奇跡的に今日まで残している。どの田んぼもそれぞれの片隅に小さなため池を有しているのが特徴的である。

渡り鳥の中継地
全国から愛好家が来訪

日本海の沖合に位置する見島は渡り鳥にとって絶好の中継地でもある。野鳥の渡りの時期に当たる春、適度な広さと多様な環境を併せ持つこの島には数多くの鳥たちが飛来し、自然のままの姿を見せてくれる。これまで国内で確認されている約550種のうち353種が観察されており、八町八反の水田でもさまざまな野鳥が見られる。毎年4月下旬に開催される「バードウォッチング in 見島」には全国各地から愛好者が訪れ、渡り鳥や本土では見られない珍しい鳥などを写真に納めている。

萩商港から高速船が1日3便（9月から2月は2便）出ており、見島までの所要時間は約70分である。

見島は渡り鳥の中継地になり、全国から多くのバードウォッチャーが訪れる

ACCESS
🚢 本村港から徒歩11分

オススメ周辺情報

見島ダム
（みしま）

離島のダムから日本海を望む

萩市の沖45キロメートルの離島にあるダムで、ダム湖の名称は「見島ゆりや湖」。春と秋には渡り鳥の中継基地になっていることからバードウォッチングも盛んに行われる。

DATA ☎0838-23-3311（見島観光協会）所山口県萩市見島 交本村港から徒歩で15分 Pあり MAP P147

ジーコンボ古墳群
（こふんぐん）

海岸に200基もの古墳が密集

萩商港から船で70分の位置にある見島の横浦海岸一帯に、7世紀後半から10世紀初頭にかけての古墳200基が密集。多くの出土品も発見され、国の史跡に指定されている。

DATA ☎0838-23-3311（見島観光協会）所山口県萩市見島 交本村港から徒歩で15分 Pなし MAP P147

観音崎 宇津観音堂
（かんのんざき うつかんのんどう）

全国的に珍しい正観音を祀る

全国で3カ所しかない正観音が祀られている。昔からそのご利益が多いとされ、島民はもちろん四国や九州からお参りに訪れる人も多い。堂の崎には仏石が積まれた賽の河原もある。

DATA ☎0838-23-3311（見島観光協会）所山口県萩市見島 交宇津港から徒歩で15分 Pあり MAP P147

千葉県旭市

おおはらゆうがく　　　　　　　　こうちちわり
大原幽学記念館耕地地割 🍁

天保の飢きんで荒廃した
村落の復興に命を捧げた偉人

千葉県旭市の大原幽学遺跡史跡公園には日本で初めて耕地整理がなされた水田が残る。ここには、幕末に生きた農村指導者が生涯をかけて培った信念が息づいている。

漂泊の前半生
独自の哲学を農に生かす

　大原幽学は江戸時代後期の農村指導者だ。寛政9（1797）年に尾張で生まれ、18歳から15年にわたって各地を遍歴したのち天保13（1842）年に長部村（現在の旭市）に定着、以後、天保期の凶作に悩む村の復興に尽力した偉人である。

　大原は、漂泊の前半生で神道、仏教、儒教、易学や農業技術を身に付け、「性学」と名付けた独自の教学を説いて近江から信州、江戸、相模などをまわり、各地に門人を増やした。天保6（1835）年、下総国長部村の名主遠藤伊兵衛に招かれた大原は、この地を中心に教化活動と村落の改革に着手した。『性学趣意』『微味幽玄考』などの書を著わす一方、農業協同組合の先

駆となる先祖株組合を結成して共有財産による農家の永続を図った。農地の交換分合や国内初の耕地整理も行い、農作業における施肥などの農事指導で村の立て直しを図った。しかし、安政4(1857)年、こうした一連の活動が江戸幕府より嫌疑を受けて謹慎処分となり、翌年自刃した。

ゆかりの地に保存された 耕地整理の水田は国指定遺跡

旭市長部にある大原幽学遺跡史跡公園は、寄贈された幽学ゆかりの遺構や大量の資料を保存公開するため平成元(1989)年に開園した。園内には、大原の旧居宅や自害の地に設けられた墓所などのほか、同8年に完成した記念館が建つ。隣接地には幽学の耕地整理の地割が今も残る。もともとは形が異なる大小の田が混在し、狭い急斜面にあったために作業効率が悪く、雨で押し流されるなど被害を受けやすかった耕作地を、大原の指導で門人たちが一区画一反歩ほどの大きさに整理し、水路をつけて作業性を向上させた。「八石の田」と呼ばれる水田は天保年間当時の区割を残す全国でも他に例をみない水田の国指定遺跡である。

現在この水田は旭市農水課主催による都市住民との交流の場となっており、春は史跡公園内に植えられたあまたの桜が美しく咲き誇る。

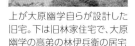

上が大原幽学自らが設計した旧宅。下は旧林家住宅で、大原幽学の高弟の林伊兵衛の居宅

ACCESS
🚗 東関東自動車道大栄ICから車で35分
🚃 JR総武本線旭駅から車で20分

オススメ周辺情報

飯岡灯台 （いいおか）

ロマンあふれる「恋する灯台」

刑部岬の約60メートルの断崖絶壁に建つ小型灯台。市街地や九十九里浜が一望でき、特に朝夕の景色の美しさは圧倒的。平成30(2018)年に県内初の「恋する灯台」に認定された。

DATA ☎0479-62-5338(旭市商工観光課) 所千葉県旭市上永井1309-1 交銚子連絡道路横芝光ICから車で50分 Pあり MAP P149

長熊釣堀センター （ながくま）

季節の花々に囲まれた釣堀

江戸時代に椿の海と呼ばれた湖を干拓した際にできたため池を利用した、市営のヘラブナ専門釣堀。花々に囲まれた釣堀で釣りが楽しめ、春と秋には大会も開催される。

DATA ☎0479-68-4602 営6:30〜16:30(10〜3月は7:00〜15:30) 料1日1,000円 所千葉県旭市萬力3566-1 交東関東自動車道大栄ICから車で30分 Pあり MAP P149

道の駅 季楽里あさひ （きらり）

幅広く、地域の食の魅力を発信

「食なら何でも揃う」がコンセプトの道の駅。全国トップクラスの産出額を誇る豚肉や漁港直送のハマグリなど、地元生産者の農畜水産物が集結し、食事処も併設。

DATA ☎0479-62-0888 営9:00〜18:00(テナントにより異なる) 休無休 所千葉県旭市イの5238 交銚子連絡道路横芝光ICから車で35分 Pあり MAP P149

東京都目黒区

ケルネル田圃

ドイツ農法を取り入れた
明治の駒場農学校（東大農学部）の試験田

ケルネル田圃は、ドイツから招かれた農芸化学者が土壌や肥料の試験田として活用した圃場だ。研究成果はその後、日本の農業の発展に生かされ、数多くの俊英、農学者が巣立った。

水稲栽培の進化をもたらした
日本農学発祥の地

目黒区立駒場野公園内の北門を入ると左手に広さ515坪の水田が広がっている。これが「ケルネル田圃」だ。その名は明治14（1881）年に、政府が日本の在来農業に外国の先進的な農業技術を導入しようと駒場農学校の教師として

招へいしたドイツの農芸化学者オスカル・ケルネルに由来する。ケルネルはこの水田を試験田として用い、土壌や肥料に関する研究に取り組んだ。研究成果は日本の水稲栽培の進化をもたらし、多くの農学者がここから巣立ったことから「日本農学発祥の地」といわれている。

駒場農学校の敷地は駒場野公園に加え、現在の東京大学教養学部、同駒場リサーチキャンパスなどにまたがり、最盛期の明治17（1884）

年には16万5,000坪の敷地を誇った。現在残っているケルネル田圃はその一部である。

近隣の中高生が
毎年、稲作実習

　駒場農学校はのちに現在の東京大学農学部、筑波大学生命環境学群生物資源学類に引き継がれ、ケルネル田圃は半世紀にわたって近くにある筑波大学附属駒場中・高等学校の生徒の稲作実習に使われている。毎年、中学1年生と高校1年生の生徒たちが、種まき、耕起、田植え、

近代農学研究・農業教育発祥の地であることが石碑にも記されている。ケルネル田圃は井の頭線の車窓からも眺められる

草取り、稲刈り、脱穀と1年間を通して米づくりを体験。栽培しているのはもち米で、年末にはもちつきをして収穫の喜びを味わい、卒業式や入学式には赤飯として卒業生や新入生へ配られる。春から夏にかけては一面の緑が次第に色濃くなり、秋には黄金色の稲穂が風に揺れるなど、都心では珍しい田園風景と季節感が味わえる。

　ケルネル田圃の歴史的価値を後世に受け継ぐ一助として、地域住民の交流も深めるかかしコンクールが、約40年前から毎年10月上旬に目黒区主催で開催されている。

ACCESS

🚃 京王井の頭線駒場東大前駅から徒歩5分

オススメ周辺情報

旧前田家本邸
（きゅうまえだけ）

東洋一の大邸宅と称された館

東京都立駒場公園にある。加賀百万石（現在の石川県）の当主だった旧前田家の前田利為侯爵駒場邸跡で、東洋一の大邸宅と謳われた和館と洋館の内部を公開している。

DATA ☎03-3466-5150（駒場公園洋館管理事務所）、03-5722-9741（目黒区みどりと公園課公園管理係）営9:00〜16:30（洋館）、9:00〜16:00（和館）料無料 休洋館は月・火曜（祝日の場合開館）、和館は月曜 所東京都目黒区駒場四丁目3-55 交京王井の頭線駒場東大前駅から徒歩8分 Pなし MAPP151

目黒川
（めぐろがわ）

川面を覆うように咲く桜が有名

東京都世田谷区、目黒区、品川区を流れ、東京湾に注ぐ。清流復活事業により水質が改善されたことで、魚類も増えた。桜並木が有名で花見の時期には見物客でにぎわう。

DATA ☎桜についての問合せは03-5722-6850（めぐろ観光まちづくり協会）MAPP204 B-3

瀧泉寺（目黒不動尊）
（りゅうせんじ）

関東最古の不動霊場として有名

目黒不動尊として親しまれる天台宗の古刹で、第3代天台座主、慈覚大師が9世紀に創建したと伝えられる。「水かけ不動明王」が有名で、多くの参拝者が祈願する。

DATA ☎03-3712-7549 営境内自由 所東京都目黒区下目黒3丁目20 交東急目黒線不動前駅から徒歩12分 Pなし MAPP204 B-3

奈良県奈良市

東大寺二月堂供田 ✿
とうだいじにがつどうくでん

「修二会(お水取り)」に供えるための
しゅにえ
もち米を栽培する寺の中の水田

東大寺二月堂で早春に行われる修二会の儀式には、若狭井から汲み上げた水と、境内の田で栽培したもち米で作ったお供え餅が捧げられる。

二月堂の夜空を焦がす
奈良時代から続く伝統行事

　東大寺二月堂(国宝)は盧舎那仏(国宝)で名高い大仏殿(国宝)の東方、上院と呼ばれる若草山の山裾に位置し、その名は旧暦2月に「修二会(お水取り)」が行われることに由来する。お水取りは、東大寺二月堂の本尊である絶対秘仏十一面観世音菩薩像に対し、国家安泰や五穀豊穣を祈願する奈良時代から1260年以上続く重要な儀式で、奈良に春を告げる行事である。3月13日未明、松明(たいまつ)の火を道明かりに二月堂前にある井戸「若狭井」から汲み上げた水を本尊にお供えする。長さ6メートルの「お松明」が二月堂の舞台欄干に現れると、夜空に舞う火の粉に参拝者らの歓声が上がる。

東大寺二月堂供田　奈良県奈良市

大湯屋の屋根を望む
味わい深い田の風景

供田は大仏殿の北側を通り二月堂へと伸びる「二月堂裏参道」沿いにある。竹垣と土壁で囲われた四角形の一枚田で、裏参道からは田の向こう側の土壁越しに重要文化財の「大湯屋」の屋根を望む味わい深い風景と出会える。大湯屋は、かつて東大寺の僧侶たちが仏道に励むために身を清めた沐浴場である。供田で栽培される米はもち米で、正月の鏡餅やお水取りのお供え餅「壇供」になる。

観光客向けではなく、寺の神聖な儀式に用いる田んぼにほかならないが、供田とその周辺は四季折々に情緒豊かだ。春は桜、次いで水を張った田んぼに大湯屋が逆さに映り田植えの季節に変わる。稲が青々と繁る夏は二月堂の白壁も際立ち、レンゲも可憐な花をつける。秋には刈り取った稲をはさに掛けて天日干しする「はさ掛け」が見られ、それも一段落すればやがて辺りの木々は赤や黄色に色づく。

東大寺二月堂供田のもち米栽培は始まってからまだ十数年と、修二会の長い歴史とは比ぶべくもないが、儀式に捧げる餅を境内の田で、苗から育てることこそ意義深い。

約920平方メートルある水田では園児たちも参加して田植えが行われ、もち米を育てている

ACCESS

🚌 近鉄奈良駅から徒歩20分
🚗 京奈和自動車道木津ICから車で16分

オススメ周辺情報

ならまち

世界遺産をそぞろ歩き

世界遺産「元興寺」の旧境内を中心とする地域を指し、興福寺や春日大社の門前としてもにぎわった。中世以降商業のまちとして栄え、江戸時代から昭和初期の面影が残る町並みを散策できる。

DATA ☎0742-94-3500（奈良町南観光案内所）所奈良県奈良市中新屋町 交近鉄奈良駅から徒歩13分（ならまち界隈）P周辺有料駐車場利用 MAPP153

平城宮跡歴史公園（へいじょうきゅうせき）

悠久の時を超えてよみがえる都

1300年前に日本の都だった平城京。その中心である平城宮跡地に造られた公園。広大な敷地にいくつもの建物が復原され、平成30(2018)年には新たに朱雀門ひろばが開園した。

DATA ☎0742-36-8780（平城宮跡管理センター）営施設により異なる 料無料 休施設により異なる 所奈良県奈良市二条大路南3-5-1 交奈良駅から路線バス学園前駅行きで朱雀門ひろば前下車すぐ Pあり MAPP203 B-2

奈良公園若草山（わかくさやま）

1月に行われる若草山焼きが有名

高さ342メートル、広さが33ヘクタールあり、山内のあちこちで鹿を見ることができる。四季折々の自然が楽しめ、山全体が3つの笠を重ねたように見え、「三笠山」とも呼ばれる。

DATA ☎0742-22-0375（奈良公園事務所）営9:00～17:00 料中学生以上150円、3才以上80円 休12月第2月曜～3月第3金曜 所奈良県奈良市春日野町157 交奈良駅から市内循環バス大仏殿春日大社前下車すぐ Pなし MAPP153

153

福井県丹生郡越前町

梨子ヶ平千枚田

なしがだいらせんまいだ

日本で唯一
水仙が咲き競う棚田

水仙の三大群生地の中でも最大級の越前海岸。冬の荒れた日本海を見下ろし、斜面に白いじゅうたんのように群生する越前水仙は、急峻な千枚田を彩って咲き競う。

寒風に耐えて咲く
可憐な越前水仙の群生

　福井県の越前海岸は山の斜面が日本海に落ち込む急峻な地形が連続し、冬場は荒波が岩に打ち付けては砕け散る。波の華が風に舞い上がる景観は男性的でダイナミックだが、毎年12月上旬から1月下旬にかけて、越前海岸は女性的で可憐な越前水仙の群生に彩られる。とりわけ、越前岬の北側の高台に広がる梨子ヶ平一帯は越前水仙の一大群生地として知られる。眼下に広がる青い日本海と呼鳥門（こちょうもん）の洞穴を借景に、寒風に耐えながら白いじゅうたんのように咲き誇る水仙は優しく健気である。辺りに漂う甘く清楚な香りも心を癒す。

梨子ヶ平千枚田　福井県丹生郡越前町

棚田を水仙栽培に転換
オーナー制度で活性化

　別名を「雪中花」という越前水仙は、室町期の古文書に「毎年、将軍家に献上された」とする記述があり、栽培の歴史は古い。安土桃山時代以降は生け花や茶花として、江戸時代には着物や美術工芸品の図案に、俳句の題材にと人々に親しまれた。明治初期には切り花として全国へ出荷された。水仙が福井県の県花であることは言うまでもない。

　梨子ヶ平千枚田水仙園は、かつて戦国時代から江戸時代にかけて造られた3.5ヘクタール、300枚の棚田であったが、稲作から水仙栽培に転換された全国的にも他に例を見ない水仙による棚田である。「日本の棚田百選」にも選定され、今は地区

日本海の海と水仙のコントラストが美しく、越前海岸の冬の風物詩ともなっている

の15軒すべてが水仙栽培農家だ。棚田の維持管理にあたる一方、水仙棚田のオーナー制度を取り入れて活性化を図っている。

　越前海岸は、淡路島、房総半島とあわせて日本の水仙三大群生地に数えられ、その面積は日本最大とされる。この越前海岸を舞台に、開花期を迎えると「水仙まつり」が毎年開催される。平成31（2019）年で45回を数えた伝統あるイベントで、越前町、南越前町、福井市にかけての海岸沿いを中心に物産展や越前水仙にちなんだ催しが繰り広げられ、多くの観光客を魅了している。

ACCESS
🚗 北陸自動車道鯖江ICから車で50分

オススメ周辺情報

悠久ロマンの杜・朋楽の里
（ゆうきゅう　もり　ほうらく　さと）

田舎暮らしを気軽に体験

ゆったりとした自然の中、茅葺の民家やログハウスが並ぶコテージ村での宿泊ができる。園内の朋楽の里では、福井県産十割そばを食すことができ、そば打ち体験も受け付ける。

DATA ☎0778-36-2050 営そばは10:30〜15:00 料施設により異なる 休無休 所福井県丹生郡越前町笈松44-3 交北陸自動車道鯖江ICから車で40分 Pあり MAP P155

浜の活丼
（はま　かつどん）

とれたてぴちぴちの海鮮丼を提供

越前海岸沿いに店舗を構える協賛店で提供する。「浜の活丼」は、旬の魚をメインに使った丼または定食であること、お昼限定、福井米を使用することなどの定義がある。

DATA ☎0778-37-1234(越前町観光連盟)、0778-48-2240(南越前町河野観光協会)、0776-20-5346(福井市おもてなし推進課) 営休店舗により異なる 料1,500〜2,480円(店舗により異なる) 所福井県丹生郡越前町、南条郡南越前町、福井市 P店舗により異なる

おもいでなfarm
（ふぁーむ）

越前町「いい思い出」がいっぱい

店名は方言で「いい思い出になる」という意味。越前町の農産物や工芸品、特産品を販売する。農家レストランが隣接しており、特産品のたけのこを使ったご当地グルメが人気。

DATA ☎0778-32-3545 営10:00〜18:00 休火曜 所福井県丹生郡越前町樫津2-63 交北陸自動車道武生IC・鯖江ICから車で20分 Pあり MAP P155

鳥取県岩美郡岩美町

<ruby>横<rt>よこ</rt></ruby><ruby>尾<rt>お</rt></ruby><ruby>棚<rt>たな</rt></ruby><ruby>田<rt>だ</rt></ruby> 🍁

先人の苦労が息づく棚田
地すべりが生んだ緩斜面の曲線が魅力

横尾棚田は鳥取県内有数の美しい田園風景が自慢だ。人口減少による荒廃を防ぐため、棚田には地道に守ろうと心を砕く人たちと、それを支える人たちがいた。

村人が総出で助け合った 「いがみ田」と呼ばれる棚田

　横尾棚田は、岩美町の南東部、JR山陰線の岩美駅から約11キロメートル入った山あいの洗井地区に広がる。標高230メートルあたり、古い時代の地すべりでできた緩斜面を江戸時代中期に開墾したためか、ゆったりと美しい曲線が幾重もかさなり、畔も農道もゆがんで（方言：いがんで）見え、写真愛好家たちから「いがみ田」と呼ばれるようになった。

　ここではかつて、村人が総出で田植えや稲刈りをして助け合ったが、冬は雪深く、暮らすには骨が折れた。このため、まちへ移り住む人が相次ぎ、農家の数はこの50年で60戸減って35戸となり、耕作放棄地も増え、棚田の面積は約16ヘクタール、230枚にまで減少した。

守る会とオーナー制度
棚田の地道な保全活動

約500枚の美しい棚田が広がり、青空と背後の緑の山とが調和したくつろぎの田園風景を生み出している

「このままでは先人が苦労して築いた棚田がダメになってしまう」。危機感を抱いた地元の人たちは平成8（1996）年、まちに出た人も含めて「いがみ田を守る会」を結成し、棚田の維持管理に着手した。平成11（1999）年に横尾棚田が「日本の棚田百選」に選ばれると、守る会の活動にますます拍車がかかった。水源である蒲生（がもう）川の上流部から山腹水路を経て棚田の水を供給しているが、総延長10キロメートルもある水路を3人ずつ1週間交代の態勢で管理し、畔や田んぼの草刈りにも手を抜いていない。

高齢化する守る会の会員だけでは棚田の維持は難しいため、岩美町の協力を得て平成9（1997）年より棚田オーナー制度を取り入れた。県内はもとより東京、大阪、兵庫など県外のオーナーたちが農作業を手伝いにやってくれば、収穫した米や野菜を送っている。5月の田植え、4月と7月の草刈りと水路掃除、9月の稲刈りにはオーナーをはじめ、町内の小学生の親

子連れや鳥取大学などから学生ボランティアも参加している。山々に囲まれた美しい横尾棚田は今、こうした地道な活動によって守られている。

ACCESS
🚃 JR岩美駅から車で20分
🚗 山陰近畿自動車道岩美ICから車で20分

オススメ周辺情報

浦富海岸（うらどめ）

青い海と変化に富んだ海岸線

日本海に面した東西約15キロメートルの海岸の総称。洞門や洞窟、奇岩の中に、白砂青松の渚が点在している。最高透明度は25メートルともいわれており、夏季は海水浴客でにぎわう。

DATA ☎0857-72-3481（岩美町観光協会）所鳥取県岩美郡岩美町 交鳥取自動車道・山陰自動車道鳥取西ICから車で30分 MAP P157

道の駅 きなんせ岩美（いわみ）

海の幸、山の幸がずらりと並ぶ

「きなんせ」は鳥取弁でおいでくださいの意味。水揚げ日本一を誇る松葉ガニや、定置網で獲れた新鮮な水産物、安心の農産物が並び、岩美町の魅力がつまった施設。

DATA ☎0857-73-5155 営9:00～19:00（施設により異なる）休無休 所鳥取県岩美郡岩美町新井337-4 交鳥取自動車道・山陰自動車道鳥取ICから車で40分 Pあり MAP P157

イタリアンレストラン AL MARE（あるまーれ）

景色も楽しめる海辺のレストラン

JRの豪華寝台列車「TWILIGHT EXPRESS瑞風」も立ち寄るイタリアンレストラン。東浜の海を眺めながら地元の新鮮な魚介類・野菜を使ったイタリアンを味わうことができる。

DATA ☎0857-73-5055 営11:30～14:00、14:00～17:00（カフェタイム、季節により異なる）、夜の営業は予約 休水曜 所鳥取県岩美郡岩美町陸上34 交JR東浜駅から徒歩2分 Pあり MAP P157

島根県雲南市

<ruby>山王寺<rt>さんのうじ</rt></ruby>棚田 🍁

朝霧と雲海が生む幻想的な絶景
山の中腹を彩る200枚の棚田

朝霧が雲海となり、その上に浮かびあがる美しい山王寺の棚田。昼夜の寒暖差が大きいため、ここで穫れる米は美味で、ブランド米「山王寺棚田舞」として出荷される。

四季の表情が鮮やかな
絶好の撮影スポット

　雲南市は島根県東部、宍道湖（しんじこ）南方の内陸部に位置し、JR木次線と松江自動車道が縦断する。山王寺の棚田は雲南市大東町の北東部、標高300メートルの山腹にあり、面積19ヘクタール、棚田数は約200枚で、昔か

ら地区の農家によって大切に守られてきた。
　大きさも形もそれぞれ異なる棚田が幾重にも広がり、谷あいへと降りていく目を見張る景観は、普段見慣れた田んぼとは別次元の空間を提供してくれる。それだけに、写真愛好家にとっては見逃せない撮影スポットに違いない。早朝に川霧が立って雲海が谷あいを埋めると、幻想的な棚田に一変する。春は水鏡となり、夏は夕陽を映し、秋は黄金色に輝き、冬は雪化粧して

山王寺棚田　島根県雲南市

季節ごとに表情を変える…。表情豊かな棚田は絶好の被写体である。

生き物観察や棚田祭りなど交流事業を展開

ここでは、古くから農業の営みの中で形づくられてきた水田や水路、ため池、里山などを、遊びと学びの場として活用し、自然の恵みを暮らしに生かす知恵などを学ぶ。近郊の子どもたちが米作りや生き物観察を体験しにやってくる。秋には「山王寺の棚田祭り」が催されて棚田米のおにぎりや餅、地元産野菜の豚汁が振る舞われるほか、青空市場での新鮮な野菜の直売

などのも行われる。米は、中山間地で昼夜の寒暖差が大きいためおいしいと評判で、ブランド米「山王寺棚田舞」として出荷している。

山王寺の棚田を訪れるなら、稲刈り前の秋がおすすめだ。棚田を一望できる展望台が整備されており、展望台から眺める金色の穂波はまさに圧巻の一語につきる。山王寺には400年の歴史を持つ島根県の無形民俗文化財「山王寺神楽」が伝承されており、農業とともに豊かな伝統文化が感じ取れる。

四季の変化に富み、昼夜の寒暖差がおいしい米を育てている

ACCESS
🚃 JR木次線出雲大東駅から車で15分
🚗 松江自動車道三刀屋木次ICから車で30分

オススメ周辺情報

山内生活伝承館
きんない　でんしょうかん

たたら製鉄を支えた人々の足跡

かつて、たたら製鉄に従事していた人の職場や住まいを「山内」と称した。映像や当時の生活道具、民具の展示を通じ、山内独自の習慣や人々の暮らしぶりを紹介している。

DATA ☎0854-74-0350 営9:00～17:00 料300円 休月曜（祝日の場合は翌日）所島根県雲南市吉田町吉田4210-2 交松江自動車道雲南吉田ICから車で15分 Pあり MAPP203 A-2

食の杜 田舎料理「かやぶき」
しょく　もり

奥出雲の古民家レストラン

築130年の古民家を利用。地産地消と旬にこだわった奥出雲の郷土料理を堪能できる。JR西日本の豪華寝台列車「TWILIGHT EXPRESS瑞風」の立ち寄りスポットでもある。

DATA ☎0854-42-0238（地域自主組織 日登の郷）営11:00～14:00 料バイキング2,000円～ 休水・日曜（変更の場合あり）所島根県雲南市木次町寺領2957-6 交松江自動車道三刀屋木次ICより車で約10分 Pあり MAPP159

出雲湯村温泉
いずもゆむら

『出雲国風土記』にも登場する名湯

ヤマタノオロチ神話が伝わる斐伊川の川底から湧く温泉。アルカリ性単純泉低緩和温泉の湯は、『出雲国風土記』で薬湯と呼ばれるほど古くから効能の高い温泉として知られる。

DATA ☎0854-40-1052（雲南市産業観光部 商工振興課）営料休施設により異なる 所島根県雲南市木次町湯村 交松江自動車道三刀屋木次ICから車で20分 Pあり MAPP159

徳島県勝浦郡上勝町

<ruby>樫<rt>か</rt>原<rt>しはら</rt></ruby>の棚田 🍁

急斜面を覆うあぜの曲線は
古淡の情趣を漂わせる希少な景観

四国を流れる勝浦川上流部の急傾斜面には、山の等高線をあぜの形状に映し出した
棚田が形成されており、200年以上変わらぬ景観が人々を魅了し続けている。

等高線どおりに築かれた
さながら古代遺跡の美しさ

　徳島県勝浦郡上勝町にある樫原の棚田は、勝浦川上流部の急傾斜面上、標高500メートルから700メートルの間に分布している。あぜの形状はほぼ、山の等高線どおりになっていて、非線形の美しい曲線を描いている。「あぜ

の曲線」「あぜの段」「田畑の小さな面積」の3点が、樫原の棚田の美しさを構成する重要な要素だといわれている。

　江戸時代後期の文化12（1815）年に作成された樫原村分間絵図には、水田や家、道の位置が現在と同様に描かれており、200年以上もの間、土地の利用形態がほとんど変わっていない棚田であることがうかがえる。先人が築いた石積みには、草刈り用の足場を備えた石積みなど

高度な機能美を宿したものも多く、さながら古代遺跡のような美しさが人々に感動を与えている。

　樫原の棚田は平成11（1999）年、農林水産省が選定した「日本の棚田百選」に認定され、平成22（2010）年には文化庁により、徳島県で初めて国の重要文化的景観に認定された。

棚田オーナー制度導入で
放棄地の復田を実現

　樫原集落は近隣の集落から杉林で隔絶された戸数16の集落で、棚田の担い手不足が深刻なことから、棚田の景観を守るため、平成17年（2005）年には棚田オーナー制度が設けられた。地区外の棚田オーナーとの交流を図り、棚田の耕作体験や、放棄地の復田などが試みられている。

　毎年4月下旬〜5月中旬になると水田に水が張られ、小さな水田一枚一枚が鏡のように周囲の山並みを映し出す。田植えが終わる5月中旬以降は青々とした苗が風にそよぎ、稲穂が黄金色に色づく9月下旬から10月上旬の棚田も美しい。近年はあぜに多数の彼岸花が植えられ、秋の景観に彩りを添えている。

9月下旬ごろには稲が刈り取られ、稲を天日干しにするはさ掛けの姿を見ることができる

ACCESS
🚃 JR徳島駅から車で80分

樫原の棚田　徳島県勝浦郡上勝町

オススメ周辺情報

山犬嶽
（やまいぬだけ）

苔の鮮やかな緑に心奪われる

山犬が口を開いたような岩石だったことからこの名が付いた。標高997メートルから眼下に巨岩群を眺められ、夏の苔の新緑美や秋の紅葉の名所としても知られている。

DATA ☎0885-46-0111（上勝町産業課）営散策自由 所徳島県勝浦郡上勝町 交JR徳島駅から車で90分 MAP P161

いっきゅう茶屋

地元農家とふれあえるスポット

1階は旬の地元産の野菜や農家の方が作った寿司や餅、漬物、特産品などが並ぶ。2階は美愁湖を望むレストランとなっており、地元産食材をたっぷり使った「いっきゅう定食」も名物。

DATA ☎0885-46-0198 営8:30〜16:30 休火曜 所徳島県勝浦郡上勝町大字福原字下日浦76-12 交JR徳島駅から車で60分 Pあり MAP P161

月ヶ谷温泉 月の宿
（つきがたに）（つき）（やど）

弘法大師ゆかりの湯が自慢

上勝町内唯一の温泉宿では弘法大師ゆかりの湯が楽しめる。アメゴやアユ、薬草、こんにゃくなど地元産にこだわった山と川の幸でもてなし、身も心もリフレッシュできる宿だ。

DATA ☎0885-46-0203 営10:00〜20:00（温泉）、11:00〜20:00（レストラン）料大人520円（温泉のみ利用）休第2水曜 所徳島県勝浦郡上勝町福原平間71-1 交JR徳島駅から車で60分 Pあり MAP P161

長崎県東彼杵郡波佐見町

<ruby>鬼<rt>おに</rt></ruby><ruby>木<rt>ぎ</rt></ruby>棚田 🍁

米作りに生きる矜持
心なごむ日本の原風景

斜面に石垣を築き、山の水を得て農耕に汗した先人の暮らし遺産…。父祖が丹精した棚田を受け継いで生業に就く人々…。かくして鬼木の里の景色は美しく、優しい。

丁寧に積まれた石垣が
鬼木棚田の美観を生む

鬼木棚田は、長崎県のほぼ中央部、内陸に位置する波佐見町にある。鬼木の名の起こりは、狩りをしていた大昔、驚くほどの巨木があり、それが地名になったと伝えられる。

虚空蔵火山のすそ野の馬蹄形に開いた緩斜面に、石垣で畦（あぜ）を築いた美しい棚田が段々に重なっている。棚田の石垣に伴うように集落も高みへとせり上がり、農家の人の営みが棚田と寄り添う風情は美しく素朴で、心なごむ優しい景観を広げている。江戸時代の中頃に完成したとされる鬼木棚田の美観は、丁寧に積み上げて築かれた石垣が醸し出している。背後に深い山があるため、そこを清流が流れ、400枚の棚田は水に不自由したことがない。

鬼木棚田　長崎県東彼杵郡波佐見町

春は棚田に水が張られ、夏は稲の青葉が風にそよぎ、秋になると真っ赤な曼珠沙華で縁取られた田んぼに黄金色の稲穂が重く垂れる。

棚田まつりを盛り上げる 個性的な案山子たち

平成11（1999）年、棚田が農林水産省から「日本の棚田百選」の一つに選ばれたのを機に、地域の活性化を図ろうと鬼木棚田協議会が発足した。転換作物である大豆を「枝豆」として早めに収穫し、都市部の人たちに楽しんでもらおうと平成12（2000）年に開催したのが「鬼木棚田まつり」の始まりだった。

毎年9月の秋分の日に行われる棚

心なごむ日本の原風景が見事な鬼木棚田。9月には棚田まつりが開催され、趣向を凝らした案山子が勢ぞろいする

田まつりでは、枝豆収穫祭をはじめ、青空農産物市場、田舎汁の大鍋振舞い、卵つかみ取りなどの楽しい催事が用意され、多くの来場者でにぎわっている。

まつりを盛り上げる手作りの案山子も大人気だ。蓑傘をかぶった一本足の定番の案山子ではなく、さまざまな人物を模した等身大の人形が主で、100体以上が鬼木棚田一帯に置かれる。棚田に入って農作業をしている婦人が身動きしないと思ったら、案山子だったということも珍しくない。まつりを挟んで2週間程度展示され、秋の風物詩になっている。

ACCESS
🚗 西九州自動車道波佐見有田ICから車で10分
🚃 JR有田駅から車で10分

オススメ周辺情報

やきもの公園

世界の珍しい窯を再現した野外博物館

山並みに囲まれ広々とした園内に、古代から近代にかけての世界を代表する珍しい窯を12基再現した「世界の窯広場」と波佐見焼や特産品を購入できる「くらわん館」がある。

DATA ☎0956-85-2290（波佐見町観光協会）営入園自由 所長崎県東彼杵郡波佐見町井石郷2255-2 交西九州自動車道波佐見有田ICから車で5分 Pあり MAP P163

陶郷中尾山「交流館」・「伝習館」

陶芸に親しみ、体験できる施設

レンガ造りの煙突が立ち並ぶ陶磁器のまちにある。交流館は中尾山に関する資料の展示と各窯元の作品を展示販売し、宿泊も可能。伝習館では手びねりや絵付け体験ができる。

DATA ☎0956-85-2273 営9:00～17:00 料無料（体験は有料）休火曜 所長崎県東彼杵郡波佐見町中尾郷157（交流館）、332（伝習館）交西九州自動車道波佐見有田ICから車で10分 Pあり MAP P163

民宿 作ちゃん

陶芸・農業体験ができる民宿

中尾郷の農家レストラン「文化の陶四季舎」を経営する夫婦の民宿。自然豊かな山里の食材を使った郷土料理や家庭料理のもてなしのほか、陶芸や農業体験もできる。

DATA ☎0956-85-4166 料1泊2食・1人7,700円～ 休無休 所長崎県東彼杵郡波佐見町井石郷414 交西九州自動車道波佐見有田ICから車で10分 Pあり MAP P163

青森県南津軽郡田舎館村

たれやなぎ
垂柳遺跡 ✿

稲作の北限説を覆した
弥生人の足跡が印された水田遺跡

米の生産反収日本一を何度も記録した田舎館（いなかだて）村は、垂柳遺跡の発見を
きっかけに新たに「田んぼアート」を創造し、グリーンツーリズムをリードする。

弥生人の農村生活の大発見に
日本中が驚いた

　垂柳遺跡は青森県南津軽郡田舎館村にある弥生時代中期（約2000年前）の遺跡である。昭和56（1981）年、国道のバイパス工事の試掘調査の折、弥生時代の水田跡が10面ほど発見された。それまでは「東北地方北部に弥生時代

はなかった」といわれてきたが、以前からこの付近で出土していた弥生式土器と併せてこの仮説は覆され、東北地方北部にも弥生時代が存在していたことを証明し、考古学史や農業史を書き換える大発見となった。

　発掘跡からは、畦（あぜ）や小型の水田とともに、当時の人の足跡が多数現れた。大人のものから子どものものまであり、家族総出で農作業に従事していたことが想像できる。垂柳遺跡

は平成12（2000）年、国の史跡に指定された。

　村では、発見された水田跡に埋蔵文化財センターを建設し、垂柳遺跡で見つかった土器を復元展示しているほか、館内の遺構露出展示室に保存されている2000年前の地面の上を歩く体験ができる。村内の小学生に地域の歴史的背景を知ってもらうため弥生時代の小区画水田を再現、古代米の作付けなどの学習機会も提供している。

全国各地に広がった「田んぼアート」発祥の地

　遺跡発見で脚光を浴びた田舎館村は、米の生産反収日本一を何度も記録した屈指の農村であるのみならず、稲作に関するグリーンツーリズムとして平成5（1993）年に始めた「田んぼアート」発祥の地でもある。田んぼをキャンバスに見立て、色の異なる稲を使って巨大な絵や文字を創作する田んぼアートは、全国各地にも波及した。

　6月上旬から10月初旬に村役場庁舎と道の駅いなかだて「弥生の里」から田んぼアートを楽しめ、毎年20万人以上が観覧に訪れる。2月上旬には「冬の田んぼアート」も開かれる。スノーシューで雪を踏み固めて模様を描くスノーアートで、マスコミにも取り上げられ、冬の新たな観光資源として注目されている。

田舎館村は田んぼアートの発祥地として一躍有名になった

ACCESS
🚗 東北自動車道黒石ICから車で6分
🚃 弘南鉄道弘南線田んぼアート駅から徒歩2分

オススメ周辺情報

田舎館村埋蔵文化財センター・博物館（田澤茂記念美術館）

歴史を書き換えた大発見の遺跡

田舎館村で発見された弥生時代の垂柳遺跡を紹介する埋蔵文化財センターと、田舎館村の民俗資料、田舎館村出身の洋画家・田澤茂氏の作品を展示する博物館がある

DATA ☎0172-43-8555 営10:00〜17:00 料300円 休月曜（祝日の場合は翌日）所青森県南津軽郡田舎館村大字高樋字大曲63 交東北自動車道黒石ICから車で5分 Pあり MAP P165

田舎館村総合案内所「遊稲の館」

田舎館村ならではの体験メニュー

田舎館村の風土や農業の歴史・文化・風習に関する展示があり、田植え体験、稲刈り体験、料理教室などの各種体験も実施。古代米を使用した食事も提供してくれる。

DATA ☎0172-58-4689 営9:00〜17:00 料入所無料 休月曜（祝日の場合は翌日）所青森県南津軽郡田舎館村大字垂柳字長田47 交東北自動車道黒石ICから車で5分 Pあり MAP P165

道の駅 いなかだて「弥生の里」

田んぼアートの鑑賞に最適

直売所のほか、遊具広場や動物とふれあえるスペースなど、多彩な施設が集まる。展望台からは、夏には田んぼアートと石アート、冬はスノーアートを鑑賞できる。

DATA ☎0172-58-4411 営8:30〜18:00（施設により異なる）料遊具施設は有料 休遊具施設は第3火曜 所青森県南津軽郡田舎館村高樋字八幡10 交東北自動車黒石ICより車で5分 Pあり MAP P165

段畑

「段々畑」とも呼ばれる段畑は、深い山波が織りなす日本の農地の代表的な形状である。山の斜面に広がる緑の幾何学模様の美しさで人々を魅了する。段畑をなす典型は茶畑とされ、排水性、通気性がよく、保水性も兼ね備えた土壌が必要だ。適度な気温と降水も茶樹の生育には欠かせないが、霜の害には特に警戒を要する。父祖代々の段畑でブランド茶の栽培に精魂を傾ける農家を福岡県の八女中央大茶園に取材した。

八女中央大茶園 （やめちゅうおうだいちゃえん） ／福岡県八女市 （本文174頁掲載）

気苦労が絶えないお茶作り
高品質を守る
生産者の誇りと自信

現在の八女市は福岡県南部の内陸に位置し、平成22（2010）年に旧八女市と黒木町、立花町、星野村、矢部村とが合併して誕生した。全域が古くからのお茶どころとして名高い。黒木地区の笠原にある霊巌寺（れいがんじ）は、室町時代に明から茶の種を持ち帰った栄林周瑞禅師（えいりんしゅうずいぜんじ）が建立した古刹で、八女茶発祥の地といわれる。

6月上旬に寺を訪れると、境内の茶樹の緑はもとより、周囲の山の斜面にも棚田と茶畑が連なる美しい段畑景観が広がっていた。降雨と湿度、昼夜の寒暖差が必要とされる茶の栽培に八女地方は地形的にも気候条件も適した土地柄なのである。

栽培品種は「やぶきた種」一つでも、作り方により玉露と煎茶に分かれる。玉露は星野地区など冷涼で霧深い山間地域で一番茶のみを昔ながらに手摘みする緑茶の最高峰だ。煎茶は比較的低地で大規模に栽培され、機械を用いて一番茶および二番茶まで収穫する。摘み取った茶葉は工場に集められ、蒸し、揉みの工程を経て荒茶に加工されて生産者の手を離れる。味が濃く、香り豊かでまろやかなコクと旨みが八女茶の特長だ。

八女中央大茶園はかつて県営パイロット事業により開発された73ヘクタールの茶園で、そのうち48ヘクタールは23戸の農家が八女中央茶共同組合を設立し、近代的製茶工場を中心に共同で煎茶を生産している。

茶樹は、適正な管理さえ行えば20年から40

茶樹の生育状況を確認する八女中
央茶共同組合の西村俊二代表理事

霊厳寺の境内には八女茶の栽培を伝えた
栄林周瑞禅師の銅像や記念館が立つ

斜面に広がる美しい幾何学模様
ブランド維持にかける農家の矜持

「摘み取った茶葉はその日のうちに加工し
ています」と八女茶農家の中嶋孝次さん

大茶園の近くの直営店には、天皇杯を受賞した
八女茶を求めて全国から人が訪れる

年、毎年新茶が取れる。茶園では、4月下旬に一番茶を摘み取ったら枝を10センチほど刈り、約40日後に新たに芽吹いた若葉（二番茶）を摘み取る。7月には根を残して枝を刈り払い（整枝）、肥料を施して木の若返りを図る。冬の休眠ののち新しく伸びた枝を剪定し、良い枝を残して次の一番茶を育てるサイクルを繰り返す。巧みな生産者の知恵であり、風味豊かな一番茶は二番茶の倍以上の取引価格になるという。

見渡す限りの茶畑には、至るところ、電柱の先端に扇風機が付いた「防霜ファン」が立っていた。若芽に霜が付くと葉が焼けて畑が全滅するのでこれを夜通し回して空中で霜を分散させる。「4月、一番茶になる若芽が出ているときに凍霜害に遭うのが何より怖い」と共同組合の西村俊二代表理事は言う。お茶作りに気苦労は絶えないらしい。西村さんは「昔は黄金色で少し渋味のある茶が好まれたが、今は色も味も好みが変わった。一番茶を摘み取る前の10日間、シートで日差しを覆い、旨みとコクを引き出す

濃い緑色の『かぶせ茶』へシフトしてはみたが、評価の声が返ってこず、需要がそちらへ向かっているかどうか分からない」と言って気をもんだ。これは、組合の守備範囲が取引センターの入札までで、仕上加工は茶商が行い、消費者ニーズの動向を生産者が察知しにくい流通事情があるからだ。

組合員で茶と特産の「電照菊」を手がける入植農家3代目の中嶋孝次さんは「20年前まではすべて手作業だったが、今は乗用機械で体は楽になった。反面、茶の単価が下がり機械の返済や資材費でコスト高になり収益は下がった」と残念がる。茶畑は昨年春に凍霜害、夏は干ばつで大打撃を受けた。それでも中嶋さんは夫人の京子さんと二番茶摘みを目前にした茶畑に入り、密生する若葉の間に雑草の「ヤマイモカズラ」の蔓を一筋見つけて引っこ抜いた。「これが混ざると品質が低下するので」と明るく笑った京子さんの瞳に八女茶生産農家の誇りと自信が輝いた。

北海道富良野市

富良野 ✿
ふ ら の

ラベンダーの花の香りと
北の大地を五感で楽しむ

富良野の魅力はラベンダー畑と田園風景、背景の山並みが描き出す雄大な風景にある。この絶景の中を自転車で風を切って走る楽しみ方をご紹介する。

北海道を代表する
色彩豊かな観光地

　北海道を代表する観光地の一つが富良野だ。富良野といえばラベンダーが名高い。十勝岳連峰を望む富良野盆地のなだらかな傾斜面に広がるラベンダー畑は、6月下旬から8月上旬に花の見ごろを迎え、大地は紫色に染まる。ラベン

ダーガーデンが何カ所も点在していて、それぞれ特色を活かしたラベンダー加工品やグッズを提供する。

　ラベンダーのほかにも、富良野は白いカスミソウ、赤いポピー、ピンク色のコマチソウ、オレンジ色のカリフォルニアポピー、黄色いヒマワリなどの花々が丘の斜面を彩り、周囲に広がる緑の田園風景とともに訪れる人々の目を楽しませてくれる。

富良野 北海道富良野市

自転車をこぎながら
もう一つの富良野を体験

　富良野から美瑛にかけて広がる絶景を車や鉄道でたどるのもよいが、この地域ならではの大自然の中をサイクリングやフットパス、トレイルランなど自分の足で移動し、五感で楽しむ旅もまた魅力だ。サイクルツーリズムを促進するため、富良野・美瑛の広域で約230キロメートルに及ぶサイクリングルートが整備され、国内外のサイクリストに向けてホームページなどで情報発信している。

　最もポピュラーな「富良野・美瑛サイクリングロード」（80キロメートル）を紹介しよう。

富良野は北海道を代表する色彩豊かな観光地

　出発点はJR富良野駅で、近くにはレンタル自転車店もある。ここから街並みを走り抜けラベンダーの見どころが多い中富良野町へ。上富良野町には北海道らしい雄大な風景が待ち受け、「パノラマロード江花」のまっすぐに延びた坂道を風を受けながら下れば、やがて十勝岳を眺める千望峠だ。ジェットコースターの路を再び下って美瑛町に入れば、2本のポプラの木が並ぶ「パフィーの木」に着く。帰路は雄大な大地を見下ろす深山峠で一息つき、日の出ラベンダー園などを回って富良野駅に戻る。路面に案内表示が描かれた安心コースである。

ACCESS
🚃 JR富良野駅から車で10分
✈️ 旭川空港から車で60分

オススメ周辺情報

ふらのぶどうヶ丘公園

斜面を紫で覆う早咲きラベンダー

ぶどう畑やぶどう見本園として整備され、6月下旬から7月下旬にかけて早咲きのラベンダーが斜面を紫色に染める。近くのワインハウスやワイン工場にも立ち寄りたい。

DATA ☎0167-22-3242（ふらのワイン工場）営9:00～17:00 料見学無料 休無休 所北海道富良野市清水山 ふらのワイン工場 交JR富良野駅から車で5分 Pあり MAPP169

富良野オムカレー

カレー×オムライスの人気グルメ

スパイス以外はすべて富良野産にこだわり、カレーとオムライスを合わせたご当地グルメ。市内の加盟店で提供され、野菜やベーコン、ソーセージなど各店の盛り付けも楽しみ。

DATA ☎0167-23-3388（ふらの観光協会）所北海道富良野市内の加盟店で提供中 HPhttp://www.furano-omucurry.com/

フラノマルシェ2

富良野への愛情が半端ない

富良野の食材を生かしたテイクアウトショップや農家直送の野菜販売店やセンスのよい花屋、ユニークな雑貨店などのほか、イベントで賑わうアトリウム空間やギャラリーが集まっている。

DATA ☎0167-22-1001 営10:00～19:00 休11月末 所北海道富良野市幸町8-5 交JR富良野駅から徒歩7分 Pあり MAPP169

静岡県富士市

大淵笹場 ✿
おおぶちささば

富士山をバックにした茶畑
日本的な風景のベストな撮影スポット

静岡県富士市の大淵笹場は、富士山と茶畑を人工物に邪魔されずに撮影できる貴重なスポットとして人気だ。茶娘が入るイベントでさらに盛り上がる。

電柱も電線も写り込まない
無垢な映像が狙える

　世界遺産で高さが日本一の富士山と、これまた生産量日本一を誇る静岡県のお茶。この富士山と茶畑とのツーショットが電柱や電線、建物といった人工物を一切写し込まずに撮影できる数少ないポイントの一つが富士市大淵地区にあ

る「大淵笹場」だ。
　東名高速道路の富士インターもしくは新東名高速道路の新富士インターより車で約10分の「富士芸術村」のそばにある。現在、新駐車場を整備しており、令和2（2020）年5月ごろ完成予定だ。この場所のすぐそばに、日本的な希少な映像を求めて多くのメディアやカメラマンが訪れ、外国人にも人気のスポットとなっている。もちろん大淵笹場は観光茶畑で

はなく、お茶を生産する農家所有の茶畑なので、撮影や鑑賞の折に無断で畑地に立ち入ることはできない。

お茶まつりには
茶娘が茶摘みを演出

大淵笹場を訪れるなら、新芽が伸びきってから茶摘みされる前、ちょうど春のゴールデンウイーク中の晴天の日がよい。新芽の若緑色で茶畑全体が明るく映り、バックに青空と残雪の富士山が浮かび上がる風景は、静岡県のイメージを体現するためのポスターやお茶の宣伝によく

使われる「富士山と茶畑」写真そのものである。

数年前から大淵地区まちづくり協議会主催による「おおぶちささば　お茶まつり」が行われている。連休中の一日だけのイベントで、ボランティアの若い女性たちが紺がすりに赤い前掛け姿で、姉さんかぶりをした「茶娘」に扮し、竹籠を手に茶畑に並んで茶摘みのしぐさを演じてみせる。富士山と茶畑の風景写真はシンプルで美しいが、そこに茶摘み娘が加わることで風景に人の営みが絡み、色彩的にも鮮やかで温かさが増して、写真愛好家にとってはベストショットとなる。

茶畑と富士山を同時に眺められる人気の撮影スポット

ACCESS

🚗 東名高速道路富士ICもしくは
新東名高速道路新富士ICから車で10分

オススメ周辺情報

道の駅 富士川楽座 <ruby>ふじかわらくざ</ruby>

眺望と味が自慢の道の駅

東名高速道路と一般道路からアクセスでき、富士山や市街地を望む眺望自慢の道の駅。プラネタリウムや楽しみながら科学や理科を学べる「体験館どんぶら」も併設する。

DATA ☎0545-81-5555 営8:00〜21:00(施設により異なる) 休無休(臨時休日あり)、有料施設は火曜 所静岡県富士市岩渕1488-1 交東名高速道路富士川SA上り線に直結 Pあり MAPP204 B-3

農家民宿やまぼうし

富士山を望む、1日1組限定の宿

富士山麓にあり、自園の畑で宿泊客と一緒に摘んだ、もぎたての野菜や山野草を使った料理を堪能できる。野菜の収穫やそば打ち、こんにゃく作りも体験が可能。

DATA ☎0545-35-2663 料1泊2食・1人8,000円 休無休 所静岡県富士市大淵4513 交新東名高速道路新富士ICから車で13分 Pあり MAPP171

スマイルベリーファーム

富士山や駿河湾を望む里山カフェ

茶畑に囲まれた里山カフェが2020年春オープン予定。自然栽培にこだわり、果樹園やハーブ園もあり、夏はブルーベリー狩りができる。施設内にヤギやミニブタ、平飼い鶏もいる。

DATA ☎0545-32-8266 料ドリンク350円〜 休土・日曜 所静岡県富士市大淵11253 交新東名自動車道新富士ICから車で15分 Pあり MAPP171

京都府相楽郡和束町

<ruby>和<rt>わ</rt></ruby><ruby>束<rt>づか</rt></ruby>の<ruby>茶<rt>ちゃ</rt></ruby><ruby>畑<rt>ばたけ</rt></ruby> ✿

横畝模様が頂まで続く景観資産
山なり茶園の見事な絶景に目を見張る

「宇治茶」の主産地である和束町には、茶畑の横畝模様が美しい「山なり茶園」が幾重も広がる絶景がある。銘茶のふるさとを訪ねてみよう。

800年の歴史を有する
宇治茶の主産地

　宇治市の南東にある和束町は、京都府第1位の生産量を誇る宇治茶の主産地で、京都府内で生産される茶葉の約45%を占めている。町の至るところに茶畑が広がり、総面積は東京ドーム120個分にも相当するという。山腹から山頂にかけて斜面いっぱいに横畝模様が続く「山なり茶園」が、波打つように起伏する様は見事である。こうした稀有な眺望が「生業の景観」として平成20（2008）年に京都府景観資産第一号に登録されたのを皮切りに、平成25（2013）年に「日本で最も美しい村」連合に加盟、平成27（2015）年には「日本遺産」にも認定された。

　和束の茶の栽培の歴史は古く800年前にさ

かのぼる。平安時代初期に唐から伝わったお茶は、鎌倉時代に京都・栂尾山高山寺（とがのおさんこうさんじ）の明恵（みょうえ）上人が宇治の里人に茶の栽培方法を教えたことから本格的に始まったとされる。宇治茶は足利将軍家によって日本一と評され、その後も織田信長や豊臣秀吉、徳川将軍家の庇護のもとで銘茶の地位を確立した。江戸時代に乾燥した茶葉に湯を注いで飲む「煎茶」が流行すると、茶の栽培は各地に起こり、和束町の山間部でも傾斜地が開墾されて「山なり茶園」が造成された。土壌に恵まれ、盆地状の地形特有の昼夜の気温差に加え、発生する霧も手伝い高級茶葉を育んだ。

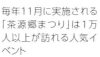

束茶カフェ」も人気。カフェにはレンタサイクルの受付やマップなども揃い、茶畑を見ながらのサイクリングやハイキングも楽しい。

毎年11月に実施される「茶源郷まつり」は1万人以上が訪れる人気イベント

「茶源郷 和束」を謳い さまざまな情報発信

自慢のお茶の産地をもっと広めようと、和束町では「茶源郷 和束」と謳ってさまざまな発信事業を行っている。春の茶摘み体験や11月に開催する町内最大のイベント「茶源郷まつり」をはじめ、お茶の直販はもとより、茶農家おすすめのお茶やスイーツが味わえる観光案内拠点「和

ACCESS
京奈和自動車道山田川ICから車で25分
JR関西本線加茂駅から車で15分

段畑

和束の茶畑　京都府相楽郡和束町

オススメ周辺情報

和束茶 わづかちゃ

茶源郷で生産される銘茶

和束茶は鎌倉時代に生産が始まったと伝わり、旨みと甘みが強い高品質のお茶として有名。和束町では、茶畑が描く見事な景観が見られ、観光客を魅了している。

DATA ☎0774-78-4180（和束茶カフェ）所京都府相楽郡和束町 交JR加茂駅から車で15分 Pあり

ゆぶねMTB LAND えむてぃーびーらんど

関西では貴重なMTBコース

湯船森林公園内の起伏に富んだコースで、年に数回開催されるイベントには全国から参加者が集まる。令和3(2021)年のワールドマスターズゲームズ「マウンテンバイク競技」の開催地。

DATA ☎0774-78-2001（和束町湯船財産区）営9:00〜16:00(12〜3月は〜15:00) 料1,500円 休無休 所京都府相楽郡和束町湯船藪田 交新名神高速道路信楽ICから車で25分 Pあり MAP P203 B-2

京都 和束荘 わづかそう

お茶を五感で愉しむ宿

平成28(2016)年に「お茶を五感で愉しむ宿」をコンセプトとしてリニューアルオープン。お茶を取り入れた季節の会席料理やお茶風呂など、産地ならではの時間を過ごせる。

DATA ☎0774-78-2603 料1泊2食付・1人1万円〜 休不定休 所京都府相楽郡和束町白栖猪ヶ25-5 交JR加茂駅から車で15分 Pあり MAP P173

173

福岡県八女市

<ruby>八女中央大茶園<rt>やめちゅうおうだいちゃえん</rt></ruby> ✿

茶は日本の近代化を支えた輸出品
産地間競争を生き抜いた八女茶

香りと渋みの煎茶、甘みとコクの玉露。八女の気候風土と技が生み出す高品質な「八女茶」の茶畑を愛でながら、日本人と茶の600年の歴史に思いを馳せる。

丘陵地の緩斜面に
見渡す限り広がる茶畑

　福岡県八女市は「玉露」の生産量では国内の約45%を占める高級茶葉産地として名高い。八女市の北東部に所在する八女中央大茶園は、約70ヘクタールの茶畑が丘陵地の緩やかな斜面に緑のじゅうたんを敷き詰めたように広がる

八女茶の一大生産基地である。ここは昭和44（1969）年から同48（1973）年にかけて県営パイロット事業で103ヘクタールの山林が開発され、茶畑となった。茶園の頂上には展望所が設けられ、晴れた日には有明海や島原半島まで見渡せる。訪れるなら一番茶の茶摘み前の4月中下旬か二番茶の6月中下旬がおすすめだ。

八女中央大茶園 福岡県八女市

明から持ち帰った種子が日本有数の高級茶の産地に

　八女茶の起こりは室町時代にさかのぼる。茶の種子を明から持ち帰り、八女市黒木町に霊巌寺（れいがんじ）を建立した栄林周瑞禅師（えいりんしゅうずいぜんじ）が、茶の栽培、喫茶法を地元の庄屋松尾太郎五郎久家に伝えたのが始まりとされる。江戸時代前期には贅沢品とされた茶も、庶民が飲み始める江戸後期には農村部の換金作物として生産地が広がり、幕末になると長崎の出島で八女茶を含む九州の茶が米国へ輸出された。明治政府の国策による輸出量の増加に伴い、八女地方東部の山々にも至るところに茶樹が植えられたという。

　しかし大正期に茶は輸出商品から内需商品へと切り替わり、再び国内市場に向けて生産を競い合うことになる。八女では、当時、全国屈指の茶産地だった静岡から技師を迎え、静岡製煎茶に倣って蒸し製手揉み方式による現在の煎茶へと製法の全面転換を図った。折しも、八女市西部の丘陵地で行われていた和ろうそくの原料となるハゼ栽培が電球の普及とともに衰退し、その代わりに茶園が造成され、東部山間地でも旧来の茶園の再整備が進んだ。

　改良を重ね、品質が向上した蒸製緑茶は「八女茶」に統一されて特産品として流通し、「色・味・香りよし」と謳われる日本有数の高級茶へと育って今日がある。

新茶の季節（4月下旬から5月のゴールデンウイークごろ）には無料接待や販売が行われている

ACCESS
🚗 九州自動車道八女ICから車で20分

オススメ周辺情報

八女伝統工芸館

ものづくりのまち・八女を学べる

久留米絣や仏壇、提灯、石灯ろう、手すき和紙、竹細工、和こまなど八女地域の伝統工芸品を展示・紹介している。手すき和紙は体験もでき、実用的な伝統工芸品も多数販売している。

DATA ☎0943-22-3131 営9:00〜17:00 料入館無料 休月曜（祝日の場合は営業）所福岡県八女市本町2-123-2 交九州自動車道八女ICから車で10分 Pあり MAP P175

八女観光物産館ときめき

八女のおみやげ選びに最適

八女や奥八女エリアのお茶や酒、醤油、酢、銘菓など名産品が揃う。レストランではだお汁定食など郷土食を楽しめる。さっぱりした後味が特徴の八女茶ソフトクリームも評判。

DATA ☎0943-22-7730 営9:30〜18:00（10〜3月は〜17:00）休月曜（祝日の場合は営業）所福岡県八女市本町2-129 交九州自動車道八女ICから車で10分 Pあり MAP P175

白城の里 旧大内邸

郷土の先覚者の生きざまにふれる

明治から昭和初期は政治家、以後、東亜同文書院の院長として日中友好親善に努めた大内暢三の生家を公開。美しい庭園を眺めながら郷土料理（要予約）も味わえる。

DATA ☎0943-35-0415 営9:00〜17:00 料無料 休月曜（祝日の場合は翌日休）所福岡県八女市立花町白木3245 交九州自動車道八女ICから車で25分 Pあり MAP P202 B-3

島根県隠岐郡西ノ島町

隠岐(おき)の牧畑(まきはた)

離島に最適化された農牧兼用の農法の跡

牧畑は痩せた土地を有効活用するため牧畜と農耕を組み合わせた離島の生活の知恵だ。1960年代まで受け継がれ、今も放牧場や石垣などに当時の名残が見られる。

畑作と放牧をローテーション

西ノ島町にはかつて、広大な牧畑が広がっていた。牧畑とは、放牧と畑作を組み合わせた農法に用いる農牧地を意味する。１年目は麦、２年目は雑穀、３年目は豆類、４年目は放牧といった具合に、毎年農作物や放牧をローテーションしながら活用した。

隠岐諸島の土壌は栄養分に乏しく、農業に適しているとはいえなかったが、放牧によって土壌に肥料成分が供給され、農業の生産性を高めることができた。主食や救荒作物となるイネ科植物と窒素固定能力を持つマメ科植物を交互に栽培する島民の知恵も地力の維持に役立った。

牧畑と牧畑の間は「間垣（あいがき）」と呼ばれる石垣などで区分し、集落やその周囲で毎年

西ノ島に残る牧畑のために作られた石垣跡

耕作する「年々畑」と牧畑の間には「コメガキ(マワリガキ)」と呼ばれる石垣を積んで区分した。

12世紀以前に始まり 20世紀半ばに姿を消す

牧畑の起源ははっきりしないが、12世紀に記された史書『吾妻鏡』に表記があり、それ以前に始まったとみられる。ところが、本土との交通の便が良くなり、安価な農作物が手に入るようになった20世紀以降は森林や放牧地に転換され、面積当たりの収量の少なさ、地域ぐるみの大掛かりな手間ひまもネックとなって、1960年代後半には牧畑での畑作は完全に姿を消した。

跡地の多くは今でも放牧地として利用されているほか、一部に残る間垣を見ることもできる。石垣のそばには由来を説明する看板が設置されているほか、隠岐諸島全域がユネスコ世界ジオパークに認定されており、ガイドや看板が整備されている。

冬季は強い波風によって船便が欠航することもあり、観光事業も休業がちで、訪れるならば春から秋がおすすめ。春から初夏は名物の岩ガキが美味で、夏は力強い草木の緑、秋はトウティラン、ダルマギクなどの可憐な花が海岸の岩場を彩る。

国賀海岸
西ノ島
485 別府港
315
美田ダム
320
鬼舞展望所
(隠岐の牧畑)

ACCESS
🛳 別府港から車で35分

オススメ周辺情報

赤ハゲ山 (あかはげやま)

360度の大パノラマに感動

山頂の展望台から隠岐の4つの島を一望できる。赤ハゲ山近辺にも牧畑跡の石垣が残り、知夫里島では「名垣(みょうがき)」と呼ばれる。

DATA ☎08514-8-2272(知夫里島観光協会) 所島根県隠岐郡知夫村赤ハゲ山 交来居港から車で20分 Pあり MAP P203 A-2

明屋海岸 (あけや)

幸運・縁結びのハート岩が人気

隠岐諸島の中の中ノ島にある。青い海、緑の植生のコントラストが印象的な赤い崖が続く海岸。海岸の島にはハートの形の岩穴があり、島根の女子旅の人気スポットのひとつ。

DATA ☎08514-20101(海士町観光協会) 所島根県隠岐郡海士町豊田 交菱浦港から車で20分 Pあり MAP P203 A-1

国賀海岸 (くにが)

断崖絶壁と放牧が織りなす景観

落差257メートルという国内有数の断崖絶壁「摩天崖」や、巨大な岩のアーチ「通天橋」など、見どころが多く、遊覧船からの景観も楽しめる。のどかな放牧風景にも心が和む。

DATA ☎08514-7-8888(西ノ島町観光協会) 所島根県隠岐郡西ノ島町浦郷 交別府港より車で25分 Pあり MAP P177

橋

山と河川が複雑に入り組む日本の国土で、橋は重要な役割を果たしてきた。農業と密接に関わる橋は多いが、人と人、地域と地域を結ぶ橋、ランドマークとして親しまれ、心に残る風景として見る人を感動させる橋もある。農地を切り拓き、耕作するために架けられ、単に行き来するための実用性にとどまらない橋の魅力を静岡県の蓬莱橋に見た。

蓬莱橋（ほうらいばし）／静岡県島田市　（本文180頁掲載）

農業から観光まで
地域を陰で支え
愛され続ける木造橋

　江戸時代は架橋や渡し舟も禁止され、川越人足による渡しが許されるだけだった大井川。その大井川に明治時代、政府の許可を得て架けられたのが「蓬莱橋」だ。今では世界一長い木造歩道橋としてギネス世界記録に認定され、年間12万人が訪れる人気の観光スポットである。「春や秋は裸足で渡ると気持ちいいんですよ。ぜひ多くの人に木の橋の良さを体験してほしいですね」。そう笑顔を見せるのは島田市観光ボランティアガイドの会会長の孕石（はらみいし）吉嗣さんだ。橋の上は見晴らしがよく開放感たっぷり。豊かな自然が残る右岸側を見渡すと人工的な建造物がほとんど視界に入らず、時

代劇をはじめ、多くのテレビドラマや映画のロケ地に選ばれるのもうなずける。

　もとより、蓬莱橋は地元の人からも親しまれる存在だ。蓬莱橋の清掃活動や橋周辺の散策マップの制作などを手がける蓬莱橋周辺整備促進協議会会長（取材当時）を務める大塚靖郎さんは「子どもの頃は父親を手伝ってサツマイモを積んだリヤカーを押しながら渡ったものです。通勤や通学に使う人も大勢いました」と懐かしむ。モータリゼーションの進展によって、今では日々の暮らしの中で蓬莱橋を利用する人はめっきり減ったが、現在でも春になれば市内の多くの小中学生が遠足で訪れたり、「蓬莱橋ぼんぼり祭り」などのイベントが開かれたりと、地域住民にとって蓬莱橋がなじみ深く、心和む場所であることは変わらない。

　ところで、蓬莱橋の高さは７メートルとビル

蓬莱橋の右岸は、茶畑に交じって豪族の古墳や歴史ある神社などが点在し、見どころも多い

世界一長い木造歩道橋・蓬莱橋の魅力を語る島田市観光ボランティアガイドの会の孕石吉嗣会長

蓬莱橋の周辺では明治期に開拓が進み、一面に茶畑の緑のじゅうたんが広がる

蓬莱橋を核とした観光周遊構想を語る蓬莱橋周辺整備促進協議会の大塚靖郎会長（取材当時・左）とNPO法人初倉まほろばの会の塚本昭一理事長

農地に通うための橋が
今は人をつなぐ土地のシンボルに

の2、3階に相当するにもかかわらず、欄干の高さはわずか50センチほどと少々心許ない。その理由を孕石さんは次のように解説してくれた。

「実は蓬莱橋が架けられた明治12（1879）年から80年以上の間、橋の高さは1〜2メートルほどで、大井川が増水した際、流木などが引っかからないようにと欄干の高さも50センチに抑えられていました。昭和40（1965）年にコンクリート製の橋脚に造り替えられたとき、増水時に流されないよう現在の高さになったのですが、架橋当時の姿をそのまま残すため欄干の高さはそのままにしたのです」

つまり、橋の高さの割に低いこの欄干は、自然にあらがうことなく共生する日本人の知恵を今に伝えているというわけだ。とはいえ、暴れ川として名を馳せた大井川は今も台風などで表情を一変させ、平成23（2011）年には10本以上の橋脚が流失するなど、蓬莱橋は大きな被害を受けている。そうなれば、修理は専門業者に任せる

しかないが、孕石さんらも橋を往復しては釘が飛び出ていれば打ち込み、敷板が傷んでいれば応急処置をするなど、日常的な安全管理に蓬莱橋土地改良区とともに力を尽くしている。

地域が誇る歴史遺産を後世に伝えていくため、独自の構想を温めるのがNPO法人初倉まほろばの会理事長の塚本昭一さんだ。塚本さんは「蓬莱橋の右岸側には茶畑が広がる以外にも宝が眠っている」と指摘する。

なるほどその言葉通り、坂本龍馬を斬ったといわれる幕末の武士・今井信郎の屋敷跡や垂仁天皇二十六年の創建と伝えられる敬満神社、6世紀後期の豪族を葬った愛宕塚古墳など、歴史ロマンを感じさせるスポットが点在している。蓬莱橋と組み合わせて周遊ルートを整備すれば、さらに多くの観光客を呼び込めそうだ。

蓬莱橋を地域住民の手で活性化させようと意欲を見せる塚本さんらの熱い思いが今後どのように実っていくのか。蓬莱橋を中心としたエリアの一層の魅力アップに期待したい。

静岡県島田市

蓬莱橋 ✿
ほ う ら い

牧之原台地の開墾のために架けられた
ギネスが認定した世界一長い木造歩道橋

江戸時代の大井川には、幕府の思惑によって橋がなかった。牧之原台地の開拓者たちが共同出資して悲願の「蓬莱橋」を架けたのは、明治になってからだった。

大井川に渡された
全長897.4メートルの農道橋

　大井川に架かる「蓬莱橋」は全長897.4メートル、幅2.4メートルの木橋だ。時代劇にもよく登場し、毎週末の夜はライトアップされて幻想的な光景を醸し出す、島田市を代表する観光名所である。

　「箱根八里は馬でも越すが、越すに越されぬ大井川」と謳われた大井川は箱根と並ぶ難所で、渡るには川越人足と呼ばれる人たちに肩車してもらうか蓮台に乗って渡るしかなく、増水すると川止めになった。橋を架けなかったのは江戸を守る幕府の施策であった。

　明治2（1869）年、最後の将軍徳川慶喜を護衛してきた幕臣たちが大井川右岸側の牧之原台地を開墾、お茶作りを始めた。川越制度が廃止

されたことにより大井川へ橋を架けることが許され、明治12（1879）年に牧之原台地の開拓者たちの共同出資により農道橋として蓬莱橋が架けられた。

歩行者と自転車が通行可能
地元の大切な観光資源

当初は木造橋だったが、増水のたびに被害を受けるため昭和40（1965）年に橋脚部分だけはコンクリートに付け替えられた。橋は島田の人々の生活路としても重要な役割を果たし、現在は歩行者と自転車だけが通行できる賃取り橋となっている。平成9（1997）年に英国ギネス社から「世界一長い木造歩道橋」として認定された。

蓬莱橋とその周辺では、地元の人たちが多彩な交流・広報活動を行っている。5月に大井川と蓬莱橋を後

「蓬莱橋ぼんぼり祭り」では夜はぼんぼりが灯り橋が幻想的に浮かび上がる

世に残すことを目的に「蓬莱橋ぼんぼり祭り」が開催されるほか、7月7日の「水辺で乾杯」イベントや秋の名月を楽しむ「観月会」が開かれ、10月の「しまだ大井川マラソン in リバティ」では蓬莱橋の下をランナーが走り、賑わいを創出している。

橋は平成28（2016）年放送のNHK朝ドラ『とと姉ちゃん』や映画『超高速！参勤交代』などドラマや映画のロケ地にも使われた。島田商工会議所が中心となる「フィルムサポート島田」がロケの誘致活動を行っている。

A C C E S S
JR島田駅から徒歩20分
東名高速道路吉田ICから車で15分

オススメ周辺情報

ふじのくに茶の都ミュージアム

茶畑にあるお茶専門ミュージアム

お茶について多方面から紹介する博物館。小堀遠州ゆかりの日本庭園や茶室、レストラン、ミュージアムショップがあり、お茶の飲み比べや抹茶挽き体験も可能。

DATA ☎0547-46-5588 営9:00〜17:00（施設により異なる）料300円 休火曜（祝日の場合は翌日）所静岡県島田市金谷富士見町3053-2 交新東名高速道路島田金谷ICから車で10分 Pあり MAP P181

蓬莱橋897.4茶屋

世界一長い木造歩道橋のたもと

平成30（2018）年に蓬莱橋のたもとにオープンした休憩処兼物産館。橋の長さが897.4メートルであることや「厄無し」にちなみ名付けられた。茶屋では島田市のお茶などを味わえる。

DATA ☎0547-32-9700 営9:00〜17:00（10〜3月は〜16:00）休無休 所静岡県島田市南2丁目地先 交東名高速道路吉田ICから車で15分 Pあり MAP P181

まるとう農園

こだわりの農園でお茶体験

東洋一といわれる広大な牧之原台地の大茶園。土壌づくりからこだわった農園で、お茶摘み体験・工場見学・試飲、ショッピングなど盛りだくさんの内容が楽しめる。

DATA ☎0120-418-391 営8:00〜17:00 料入園無料 休土・日曜 所静岡県島田市金谷猪土居3461-6 交新東名高速道路島田金谷ICから車で12分 Pあり MAP P181

愛媛県喜多郡内子町

内子田丸橋 🍁

<ruby>内<rt>う</rt>子<rt>ち</rt>田<rt>こ</rt>丸<rt>た</rt><rt>ま</rt><rt>る</rt></ruby>

杉皮で葺いた屋根が覆う
全国的にも珍しい橋

愛媛県南予地方の山里には杉皮葺きの屋根で覆われた橋がある。かつて特産の木炭の倉庫にも使われた空間は今、集落のコミュニケーションの場となっている。

木炭や農業資材を置く
倉庫代わりに使われた

　内子町を流れる麓川（ふもとがわ）の中流域、河内地区には、昭和 19（1944）年に架けられた屋根付きの橋がある。通称を「田丸橋」といい、橋は杉皮で葺いた屋根で覆われている。周囲の田舎風情によく溶け込み、味わい深い趣を

醸し出している。

　この橋が架けられる以前は土橋であったが、前年の台風による洪水で流失した。下流に架かっていた樋の口橋が橋脚のない構造で流失を免れたことから、これに倣って再建された。地元の大工・尾崎忠弥が手掛け、長さ 14.1 メートル、幅 2.1 メートルの方丈式構造で木造杉皮葺き、屋根の高さは 2.9 メートルある。屋根をかけると橋の寿命が数倍長持ちするとして耐久

性を重視した設計であった。

　当時、村内では木炭生産が盛んに行われていた。橋は集落の人々の生活道であったが、出来上がった炭俵や農業資材を保管する倉庫代わりにも活用したという。今では、雨や日差しを除けるのに好都合なこの屋根付き橋が寄り合いの場となり、山仕事や野良仕事の合間にお茶や漬物を持ち寄った人々がおしゃべりを楽しむ光景がのどかだ。

創建当時の床材を使用
地域の保存会が管理

　かつて麓川には、樋の口橋、西橋、元袋口橋、谷橋などの屋根付き橋が存在したが、水害や車社会に対応するための道路改修で減少し、今も残るのは田丸橋と上流に新たに設けられた下の宮橋のみである。

　田丸橋は地元住民で組織する保存会が中心となって管理を行い、昭和40（1965）年にトタン屋根に改修されたが、同57（1982）年に元の杉皮に葺き替えられた。以降、数回の葺き替えと、平成8（1996）年に斜めにかけた登り梁

の交換を行っている。全国的にも希少な屋根付きの田丸橋は内子町指定有形民俗文化財で床に使われているクリ材は創建当時のままである。

夏の夜には川筋に沿ってホタルが乱舞する

ACCESS

🚌 JR予讃線内子駅から車で15分
🚗 松山自動車道内子五十崎ICから車で15分

オススメ周辺情報

弓削神社
ゆげ

境内すべてが景勝地といわれる

室町時代に創建されたと伝わり、珍しい屋根付きの太鼓橋を渡って池の対岸にある社殿に参拝する。池に映る橋の景観が美しく、境内全体が景勝地と称される。

DATA ☎0893-44-3790（内子町ビジターセンター）　営境内自由　所愛媛県喜多郡内子町石畳東　交松山自動車道内子五十崎ICから車で30分　Pなし　MAP P183

八日市・護国の町並み
ようかいち　ごこく

昔ながらの町並みをそぞろ歩き

江戸から明治時代にかけて木蝋の生産で栄えた面影を残す。通りに浅黄色の土壁の伝統的な造りの町家や豪商の屋敷が並び、国の重要伝統的建造物群保存地区に選定されている。

DATA ☎0893-44-5212（八日市・護国町並保存センター）　所愛媛県喜多郡内子町内子　交松山自動車道内子五十崎ICから車で約5分　Pあり　MAP P183

石畳の宿
いしだたみ

日本家屋で田舎暮らしを体感

古い民家を移築した、懐かしい雰囲気の宿泊施設。旬の野菜の煮物や山菜の天ぷら、囲炉裏で焼くアメノウオなど、地元の素材をふんだんに使ったお母さんの田舎料理が好評。

DATA ☎0893-44-5730　料1泊2食・1室2名利用1人8,800円　休第3火曜　所愛媛県喜多郡内子町石畳2877　交松山自動車道内子五十崎ICから車で約20分　Pあり　MAP P183

宮城県松島町・大崎市

<ruby>品<rt>し</rt></ruby><ruby>井<rt>な</rt></ruby><ruby>沼<rt>い</rt></ruby><ruby>干<rt>ぬま</rt></ruby><ruby>拓<rt>かんたく</rt></ruby>

300年の長きにわたった
低湿地帯の干拓事業

元禄期に始まった品井沼の干拓工事は明治、昭和と進められた。沼は豊かな水田に
生まれ変わったが、低地ゆえに、水との闘いはまだ終わってはいない。

仙台藩が着手した
「元禄潜穴」排水路

　仙台平野の北部は仙北（せんぽく）平野とも
呼ばれる穀倉地帯で、美しい水田が広がってい
る。JR東北本線の品井沼駅から鹿島台駅にか
けての鉄路の西側にも、見渡す限りの水田が集
落を隅へ押しやるように広がっているが、300

年ほど前までは、駅名にその名をとどめる「品
井沼」の広大な湿地帯だった。中小の河川が流
入する低地であったため、大雨が降ると水があ
ふれ、周辺はよく洪水に見舞われた。
　仙台藩は、領民の生活安定と新田開発を図る
ため、元禄6（1693）年から藩を挙げて干拓事
業に取り組み、品井沼の水を松島湾へ流すため
の「元禄潜穴（げんろくせんけつ）」と呼ばれる
隧道を築いた。全長6,400メートルの排水路

のうち 2,700 メートルが隧道で、しかも両端の高低差がわずか 2.1 メートルしかない精巧な工事だった。この干拓で、品井沼のうち 250 ヘクタールが水田に変わったと伝えられる。

干拓完了後にも冠水
水との闘いは道半ば

元禄潜穴は、その後 6 回の改修工事や浚渫（しゅんせつ）が施されたが、年月を経るうちに水の流れが悪くなり、たびたび水害が起こるようになった。そこで、地元住民が尽力し、苦難を乗り越え、明治 43（1910）年に明治潜穴排水路が新たに完成した。その後、干拓地は東西に吉田川が横切っていたものの、北側に残存していた品井沼の水を吉田川の下を流すサイフォン工事が完成し、品井沼は全面積が干拓されて水田となった。

しかし、昭和 61（1986）年 8 月 5 日の豪雨では、かつての沼を思い起こさせる大洪水となった。海抜が周囲より低い品井沼干拓地の水との闘いは、まだ終わってはいない。

元禄から昭和にかけて 300 年にわたる一連

の品井沼干拓事業に関わった地元の人たちの努力が報いられ、品井沼を含む大崎地域は平成 29（2017）年、国連食糧農業機関（FAO）から世界農業遺産に認定されている。

断面図（イメージ）。品井沼の水を松島湾へ抜くため、トンネルを掘る。長いトンネルのため、ずり（掘削した土）を縦溝から取り出す

ACCESS

🚃 JR東北本線品井沼駅から徒歩12分
🚗 三陸自動車道松島北ICから車で10分

アノハ周辺情報

松島観光

芭蕉が訪れた絶景を愛でる

松島湾には260余りの島々がある。その美しさは日本三景の一つに数えられ、松尾芭蕉も奥の細道で訪れている。奇岩連なる景観を遊覧船や展望台から望みたい。

DATA ☎022-354-5708（松島町産業観光課）営8:30〜17:15 休土・日曜、祝日 所宮城県宮城郡松島町松島字町 交三陸自動車道松島海岸ICから車で約5分 Pあり MAPP205 A-4

農業生産法人株式会社 あすファーム松島

新しい農業スタイルを発信

野菜を新鮮なまま自宅に配送する「東北EGAO便」サービスを行うなど、顔の見える商品づくりをモットーに活動。数々の商品を開発し、松島ブランド（特産品）の認定を受けている。

DATA ☎022-349-5536 営9:00〜17:00 休土・日曜、祝日 所宮城県宮城郡松島町幡谷字鹿渡22-1 交JR東北本線品井沼駅から徒歩5分 Pあり MAPP185

zizo + ベーカリー

週に1日、天然酵母パンを販売

山奥にひっそりと佇む小さなベーカリー。春はイチゴ、夏は桃やカボス、トマト、秋は梨やぶどう、冬はりんごや酒粕など、季節限定の自家製酵母パンにファンが多い。

DATA 営15:00〜18:00頃 休水曜のみ営業 所宮城県宮城郡松島町幡谷字地蔵2-7 交三陸自動車道松島北ICから車で約5分 HPhttp://zizobakery.com/ Pあり MAPP185

岡山県玉野市・岡山市

児島湾干拓施設群 <ruby>児<rt>こ</rt></ruby><ruby>島<rt>じ</rt></ruby><ruby>湾<rt>ま</rt></ruby><ruby>干<rt>わん</rt></ruby> 🌿

お雇い外国人技師ムルデルが描いた
干拓事業による大規模な農地拡大

岡山平野の耕地の約8割は江戸時代から昭和にかけて生まれた干拓地だ。民間によって進められた最大の児島湾干拓の施設群は今も現役として活躍している。

土木技術の粋を集めた
多彩な干拓施設

岡山県の瀬戸内海沿岸部は干満の差が大きく、干潟も多くあったことから、江戸時代から干潟を順次干拓して農地拡大が図られた地域である。現在の岡山平野の耕地約2万5,000ヘクタールのうち、8割に当たる約2万ヘクター

ルが干拓によって生み出された。

明治維新後、岡山県令（知事）の高崎五六は士族への授産事業として大規模な児島湾干拓事業を明治政府に要請したが、資金難を理由に許可されなかった。そこで干拓の大部分は、オランダ人技師ムルデルが政府に提出した当初の計画をもとに民間の手で進められた。軟弱地盤での築堤工事は困難を極め、陸地の高低差がほとんどないため塩害、浸水などの問題もあっ

たが、数々の苦難を伴いながら、戦後、残された一区画のみ農林省が引き継いで、昭和38（1963）年に工事は完了した。

干拓施設の樋門は、江戸期には岡山特産の花崗岩を加工した石造樋門が用いられた。明治に入り西洋の近代技術が導入されると、排水樋門や用水の分岐樋門などは煉瓦を用いたアーチ型樋門へと変わり、花崗岩と煉瓦を組み合わせた折衷タイプも多数登場した。昭和になると鉄筋コンクリートの樋門も造られるなど、各時代の土木技術の粋を集めた多彩な樋門が築造された。

100年以上経過するも半数の樋門が現存

明治の児島湾干拓で造られた樋門は、築後100年以上経過しているものの、約半数は現存し、今なお現役で使われている。

広大な干拓地は稲作と麦作の二毛作農業を支える舞台である。5月下旬の麦の収穫期に見られる色とりどりのほ場は、高台から眺めるとパッチワークのように美しい。周辺の常山や金甲山などに登れば山の上からそれを俯瞰することができる。

JR宇野線の備前片岡駅から八浜駅間では車窓からも彩り美しい児島湾干拓地を眺められる

ACCESS
🚗 瀬戸中央自動車道早島ICから車で30分
🚃 JR宇野みなと線常山駅から車で3分

児島湾干拓施設群　岡山県玉野市・岡山市

オススメ周辺情報

宇野港 （うのこう）

アートと港の風情がコラボ

瀬戸内海に、直島や小豆島に向かうフェリーやクルーズ客船が行き交う。周辺に瀬戸内国際芸術祭のアート作品が点在（上画：「宇野のチヌ」／淀川テクニック）し、そぞろ歩きを楽しみたい。

DATA ☎0863-21-3486（玉野市観光協会）所岡山県玉野市築港1-1-3 交JR宇野駅からすぐ Pあり MAP P187

王子が岳 （おうじがたけ）

自然に抱かれてスポーツ体験

標高約234メートルの山。人の顔に見える奇岩「にこにこ岩」をはじめとしたユーモラスな岩が多い。ボルダリングやパラグライダーが盛んな場所としても全国的に有名。

DATA ☎0863-33-5005（玉野市商工観光課）所岡山県玉野市渋川4丁目地内 交瀬戸中央自動車道児島ICから車で20分 Pあり MAP P203 A-2

たまの温玉めし （おんたま）

玉野市民が認める郷土の味

地元の港で水揚げされたアナゴと雑穀米を使い、醤油と蒲焼きのタレで甘辛く炒めた絶品。焼きめしに温泉たまごを絡めて食べ、玉野市民が投票で決めたこだわりB級グルメ。

DATA ☎0863-33-5005（玉野市特産品協議会事務局）所岡山県玉野市内 HP https://www.donbla.co.jp/tamano/

熊本県玉名市

有明海旧干拓施設群 🌸

あ り あ け か い

加藤清正から細川家に引き継がれた
干拓の歴史を刻む堤防遺産

有明海に臨む広い耕地は江戸時代から昭和にかけ断続的に行われた干拓によって誕生した。干拓地内に残る潮受堤防は明治期の工事の面影が色濃い。

戦国末期に始まった
有明海の干拓事業

　有明海は熊本県北部に位置し、潮の干満の差が日本一大きいといわれる。この海に面する菊池川流域の河口付近には、土砂が堆積して広大な干潟が形成されていた。この部分を陸地化するための干拓は、天正16（1588）年、加藤清正が肥後入国後に着手した。その後は細川家へと引き継がれ、江戸時代になっても断続的に行われてきた。明治時代になると、許可を受ければ個人で干拓ができるようになり、地元有力者による大規模な干拓が行われた。大正期の干拓は小規模なものにとどまり、戦後は国が主導したものの、干潟に堤防を築いて潮を締め切り、耕地化する工事を繰り返した転変の歴史が耕地のあちらこちらに刻まれている。

188

明治時代に築かれた石積みの潮受堤防

広さ3,000ヘクタールの干拓地内には総延長5.2キロメートルに及ぶ石積みの堤防が残っており、中でも明治時代中ごろに造られた堤防や排水樋門がとりわけ保存状態が良い。明治28（1895）年築造の末広開（すえひろびらき）、同26（1893）年にできた明丑開（めいちゅうびらき）と明豊開（めいほうびらき）、同35（1902）年の大豊開（だいほうびらき）は干拓最盛期の潮受堤防である。「開」とは干拓地の意味だ。

しかしこれらの堤防は、台風による潮害を受けるたびに修理や補強が重ねられ、築造当時の姿をとどめる石積みは少ない。現在見られる石積みはほとんどが昭和2（1927）年の改修時のものである。4つの潮受堤防は末広開樋門と合わせ平成22（2010）年、「旧玉名干拓施設」として国の重要文化財に指定された。

有明海の干拓は昭和21（1946）年に着工した国営横島干拓事業でさらに沖合1.5キロメートルまで広がり、昭和42（1967）年に全事業の完成をみた。横島山にある山の上展望公園から干拓地を見下ろすと、耕地やビニールハウス、農家が整然と並ぶ景観の中に旧玉名干拓施設の4つの潮受堤防の内陸側に植えられた樹木の帯がくっきりと一本の線状に連なっている。

有明海の干拓事業は江戸から昭和まで受け継がれ、貴重な土木関連遺産も多く残っている

ACCESS
🚗 九州自動車道菊水ICから車で30分
🚃 九州新幹線新玉名駅から車で20分、JR鹿児島本線玉名駅から車で15分

オススメ周辺情報

玉名市ふるさとセンターＹ・ＢＯＸ
（たまなし）

イチゴ狩りが人気の物産館

熊本県はイチゴの生産が盛んな地域。地元の農産物の販売を行う物産館に隣接するビニールハウスで12月から5月まで生産者が丹精込めて育てたイチゴ狩りが楽しめる。

DATA 📞0968-84-3700 🕘9:00～18:00 💴1,200円～（要予約）休無休 所熊本県玉名市横島町横島1716 交九州自動車道菊水ICから車で25分 Ｐあり MAP P189

草枕温泉てんすい
（くさまくら）

まるで天空に浮かぶ名湯

夏目漱石の名作『草枕』の舞台となった町の入浴施設。露天風呂の目の前にはミカン園が広がり、有明海に沈む夕日の眺めも抜群。食事処や休憩室もあり、ゆっくりと過ごしたい。

DATA 📞0968-82-4500 🕘10:00～21:00 💴500円 休不定休 所熊本県玉名市天水町小天511-1 交九州自動車道菊水ICから車で25分 Ｐあり MAP P189

玉名市岱明コミュニティセンター潮湯
（たまなしたいめい）（うしおゆ）

有明海の海水を沸かした湯

松原海岸にあり、有明海の海水を沸かした湯が浴槽を満たす。対岸の島原半島や雲仙普賢岳を眺めながら入浴でき、4月から11月ごろまでは観光地引網体験もできる。

DATA 📞0968-57-4377 🕘9:00～18:00（入浴は10:00～17:45）💴420円 休火曜 所玉名市岱明町鍋3188 交九州自動車道菊水ICから車で29分 Ｐあり MAP P189

苦難に直面してなお、ひるまず、くじけずに大地に立ち続ける農家の気骨と雄々しさ
が国を動かし、米の産地再生へとつながった。東日本大震災の復興の象徴ともいえる
事例の主役となり、宮城県仙台市で奮闘を続ける農事組合法人「仙台イーストカント
リー」を取材した。

仙台東地区 <ruby>仙<rt>せん</rt>台<rt>だい</rt>東<rt>ひがし</rt>地<rt>ち</rt>区<rt>く</rt></ruby> ／宮城県仙台市 （本文192頁掲載）

安倍総理に農地の集約を直訴
命をつないだ炊き出しのおにぎり

「仙台イーストカントリー」は5代続く米農家の佐々木均さんが平成20（2008）年に立ち上げた農事組合法人である。仙台東地区の大地の恩恵を受け、水稲栽培、味噌加工、農家レストランの3事業を展開する。均さんを支えるのは妻の千賀子さん、長女のこづ恵さんと入り婿の洋幸さん、三女の松原園子さんだ。平成23（2011）年3月11日の大震災以来、佐々木さん一家は復興のリーダー役となって奮闘している。

あの日、千賀子さんは激しい地震に見舞われた直後、炊き出しの準備にかかろうとしていた。自宅2階へ上がると3キロ離れた海岸あたりが一面黒く煙っている。その中で住宅が流れているのにハッとして津波だと気付き、すぐに家族を車に乗せて逃げ、助かった。

この津波で海辺の集落は壊滅した。佐々木さん方も農機具が全滅したが、津波は幸運にも石造りの味噌蔵の手前で止まっていた。仕込んだばかりの味噌樽は無事だった。そのほか備蓄していた豊富な米や海苔、塩も無事でおにぎりや味噌汁など炊き出しに役立った。

それでも、法人が90軒の農家から預かっていた67ヘクタールの水田のうち49ヘクタールが海水をかぶってしまった。佐々木さんは組合員に米を配るため、残りの18ヘクタールでその年の田植えをしたが、機械はすべて借り物だった。その後、復旧工事と除塩作業が国の主導で進められ、翌平成24（2012）年には被災した地区の一部で営農が再開したものの、高価な機械が買えず離農する農家が相次いだ。

震災後、地域住民の心と命をつないだおにぎりを「おにぎり屋 ちかちゃん」で握る松原園子さん

「おにぎり屋 ちかちゃん」の一番人気メニュー「おにぎりプレート」（600円）

農家の気骨と雄々しさを力に
被災地の農地は生き返った

東日本大震災を耐え抜いた石蔵では今も天然醸造の味噌づくりが行われている

若林地区で生産される仙台井土ねぎは、仙台市内で提供する飲食店も増えている

そのころ、1枚30アールの狭い水田を1ヘクタール規模にまとめる区画整理が進められていたが、法人が預かった土地は散在していたため、佐々木さんは「このままではだめだ。土地の集約事業を行う機関がどうしても必要だ」と考え、復興の視察に訪れた安倍総理に農地の集約を直訴した。国の対応は早く、平成26（2014）年3月、農地中間管理機構（農地集積バンク）が都道府県ごとに設立されると、農地は農事組合法人ごとの集約が進み、大型機械も使えるようになって、作業効率の向上と省力化が実現した。

地中に埋め込んだパイプから水が供給される地下かんがいが順次導入され、種もみの直播も可能になった。かつての水田がリーフレタスやイチゴ、ミニトマトなど施設園芸の畑に変わった区域もある。壊滅的な被害を受けた井土集落では、農事組合法人井土生産組合が発足し、点在していた畑を8ヘクタールに集約して、広大な畑地で試行錯誤の末にネギ栽培を始めた。

甘く柔らかい「仙台井土ねぎ」は新たなブランドとして期待されている。仙台農業協同組合営農企画課の柴崎崇さんは「農業基盤は立派に整備された。今後は農家の所得向上のためにも6次化の推進や水稲から園芸作物への変換に取り組む」と意欲的だ。

仙台イーストカントリーもまた、いち早く6次産業化に成功した法人だ。味噌づくりや豚汁販売などは震災前から手掛けていたが、平成25（2013）年5月に国の助成を得て仙台市内に農家レストラン「おにぎり茶屋 ちかちゃん」を開店した。自作の米を使い、加工場でおにぎりや総菜を作って店に出し、2階のテーブル席で食することができる。おにぎりは1日700個を作る。農家レストランには千賀子さん、こづ恵さん、園子さんをはじめとして、被災して働く場所を失った人も含め女性14人が従事する。

多くの命をつなぎとめたあのときの「おにぎり」が、農家レストランの原点なのだ。

宮城県仙台市

次世代型農業のモデル仙台東 <ruby>仙台東<rt>せんだいひがし</rt></ruby>

逆境を地域一丸で乗り越え
大規模ほ場の美しい田園地帯に

大津波による壊滅的な被害を受けた仙台東地区は、「復旧から復興へ」を合言葉に生産性と競争力の高い農地への転換を目指し、大規模なほ場の大区画化工事が完成した。

沿岸部に広がる
水田地帯を襲った津波

仙台東地区の農地は東日本大震災直後の津波により壊滅的被害を受けた。津波は沿岸部に広がる低く平坦な水田地帯を襲い、地区内の農地の約8割に当たる1,860ヘクタールが海水をかぶった。排水機場も被害を受け、特に沿岸部

の「高砂南部」「大堀」「二郷堀」「藤塚」の基幹排水機場が全壊した。

「復旧から復興へ」を合言葉に国、宮城県、仙台市、土地改良区、JAなどが一丸となり災害復興に乗り出した。国の直轄特定災害復旧事業では、早期の営農再開を図るため、地区内を27の用水ブロックに区切り大規模なほ場の大区画化工事が実施された。震災前には1枚10ないし30アールに細かく区切られていた田は1枚1

192

ヘクタールに大区画化された。被害が深刻だった排水施設の復旧は、仮設ポンプで常時排水しながら工事が進められた。東部地区はもともと海抜の低い土地で、強制排水のために排水機場が設置されていたが、地震による地盤沈下に対応するため、4つの基幹排水機場はより高い排水能力を有した新施設としてよみがえった。

明るい笑顔が戻った
津波被災地の農業者

こうした農地の大区画化とあわせ、担い手への農地集積を推進することにより、経営規模の拡大と合理化が図られたほか、道路の再配置と嵩上げにより津波への防災機能も強化された。

現在は、すべての農地で営農が再開され、新たな農業法人も設立されるなど、被災地は美しい田園風景を取り戻している。稲作単一経営から複合経営への転換や6次産業化への動きも始まった。東部田園地帯を「農と食のフロンティア推進特区」と位置づけ税制面での優遇措置を設け、食品加工や販売などに新規参入しやすい仕組みづくりも行うことで、農業者が将来に希望を持ち、担い手が集まる収益性の高い農業の土台が整備された。

次世代型農業のモデル仙台東　宮城県仙台市

仙台東地区では東日本大震災後時、排水機場や排水ポンプなど大きな被害を受けた

ACCESS
🚉 仙台市地下鉄東西線荒井駅から徒歩14分
🚗 仙台東部道路仙台東ICから車ですぐ

オススメ周辺情報

大沼 (おおぬま)

貴重な野鳥観察スポット

せんだい農業園芸センターに隣接する農業用ため池。冬季には白鳥をはじめとした多くの渡り鳥を観察できる。近年は、一度は姿を消した蓮が再び花開くようになった。

DATA ☎022-214-8268(仙台市経済局農林土木課) 所宮城県仙台市若林区荒井字大沼 交仙台東部道路仙台東ICから車で7分 Pあり MAPP193

JA仙台農産物直売所 たなばたけ高砂店 (たかさごてん)

地元でも人気の仙大豆シリーズ

復興のシンボルとなることを願って開店。JA仙台管内で生産された新鮮野菜を中心にソイチョコに代表される仙大豆シリーズなどの加工品も扱い、地元にも多くのリピーターがいる。

DATA ☎022-388-7318 営10:00〜18:00 休水曜 所宮城県仙台市宮城野区福室2-7-30 交JR仙台線陸前高砂駅から徒歩2分 Pあり MAPP193

せんだい農業園芸センター みどりの杜 (もり)

美しい花々に囲まれた広場

広大な敷地内で梅やバラなど四季折々の花や草木を楽しめる。摘み取り体験ができる観光農園、農業体験ができる市民農園など多彩な施設を備えている。

DATA ☎022-288-0811(広場)、022-762-9688(観光農園) 営9:00〜17:00(11〜2月は〜16:00) 料無料(体験は有料) 休月曜(祝日の場合は翌平日) 所宮城県仙台市若林区荒井字切新田13-1 交仙台東部道路仙台東ICから車で7分 Pあり MAPP193

福島県南相馬市

原町東新時代農業への基盤整備 ✿

大震災を機に始まった
千載一遇のほ場整備

東日本大震災で壊滅的な被害を受けた福島県南相馬市の原町東地区では、復興基盤総合整備事業が着々と進んでいる。営農も再開され、完全復興の願いが膨らむ。

意欲的な農家が結集し
生産性の向上にアイデアを練る

福島県の沿岸部は、平成23（2011）年3月11日に起きた東日本大震災による大津波と原発事故により壊滅的な被害を受けた。津波は農地も家屋もすべてを洗い流し、瓦礫と土砂だけを残した。多くの人命が失われ、癒されない悲しみが残った…。

農業被害が大きかった南相馬市の原町東地区では、平成25年度より「農山村地域復興基盤総合整備事業」に基づき、復興への取り組みが始まった。津波で地区内の農地320ヘクタールと住宅地が被災し、東京電力福島第一原子力発電所の事故に伴い農業用施設を管理する農業者も減少、6カ年にわたる作付け休止による農地の荒廃が心配された。農業水利施設の維持管理も

困難となり、施設の劣化と機能低下も懸念された。しかし、担い手をはじめ多くの農家は営農再開意欲が強く、この機会に基盤整備を行うことで、ほ場の大区画化などによる農業生産性の向上と農作業の協業化、担い手の農地集積を実現する道が開かれたのである。

復興の知恵が生んだ大地の恵み
地元産の菜種油「油菜ちゃん」

復興工事は土地改良区の会員たちにも見守られ、着々と進んだ。ほ場の大型化・集約化が完了し、排水路は環境配慮型水路に整備されて多くのほ場で農業が再開された。その結果、原町東地区の農業生産性は震災前とは見違えるまでに高まった。ロボットテストフィールドが建設され、太陽光発電も稼働、地下かんがいシステムの導入に向けての工事が進捗中だ。

南相馬市では「菜の花プロジェクト」と称して菜種油の生産に力を入れており、「油菜（ゆな）ちゃん」を開発、ふるさと納税の返礼品に復興のシンボルとして充てている。放射能で汚染された農地でアブラナを栽培しても、セシウムは水溶性のため油には全く移行しない。科学的根拠と精密検査で安全は実証済みだ。震災からの農業復興はここにも確実に現れている。

上は震災直後の南相馬市の様子。右は南相馬市の生産者が育てた菜種を時間をかけて丁寧に精製した菜種油

ACCESS
🚗 常磐自動車道南相馬ICから車で15分
🚃 JR常磐線原ノ町駅から車で7分

オススメ周辺情報

里山カフェ いちばん星
（さとやま／ぼし）

里山の風景に癒されるカフェ

野菜の収穫体験や乗馬体験などができる体験型の農家民宿「いちばん星」直営のカフェ。緑に囲まれた店内で、地物野菜をふんだんに使ったランチやスイーツを味わえる。

DATA ☎0244-26-9461 営10:00～18:00 休不定休 所福島県南相馬市原町区金沢字追合116 交常磐自動車道南相馬ICから車で22分 Ｐあり MAP P195

てつ魚屋
（うおてん）

150年以上の歴史を持つ鮮魚店

慶応3(1867)年に創業し、平成31(2019)年に店舗をリニューアル。角がピンとたった新鮮なお刺身をはじめとした魚介が並び、地元だけでなく遠方から足を運ぶリピーターも多い。

DATA ☎0244-23-3355 営9:30～18:30 休日曜 所福島県南相馬市原町区旭町1-53 交JR常磐線原ノ町駅から徒歩5分 Ｐあり MAP P195

和食彩々 五月
（わしょくさいきい／さつき）

地元で絶大な人気を誇る寿司店

確かな目で選んだ四季折々のネタと丁寧な仕事ぶりで、地元で愛され続ける寿司の名店。リピーターが多く、昼夜ともに満席になることが多いので事前の確認が安心。

DATA ☎0244-23-4743 営11:00～14:00、17:00～21:00（日曜は～20:00）休不定休 所福島県南相馬市原町区大町1-59-1 交JR常磐線原ノ町駅から徒歩13分 Ｐあり MAP P195

兵庫県淡路市

遺跡とともに復興を遂げた北淡路

きたあわじ

棚田の下に埋もれていた
弥生時代の鉄器製造群落遺跡

阪神・淡路大震災で震源地に近い淡路市の農地は変わり果てたものの、復旧工事の
さなか、弥生時代の鉄器製造遺跡が見つかり、島の復興に新たな光が射した。

大震災と台風の直撃で
農地やため池に壊滅的被害

平成7（1995）年1月17日午前5時46分、
淡路島北淡町（現淡路市）の地下16キロメート
ルを震源とするマグニチュード7.3の巨大地震
が発生した、淡路島、神戸市、西宮市、芦屋市
などが震度7強の激しい揺れに見舞われた。

死者6,434人とおびただしい犠牲者を出した
「阪神・淡路大震災」である。

日本で初めて大都市直下を震源とした大地震
は近代都市のもろさを露呈させた。六甲山から
淡路島に至る野島断層が横ずれして起きた地震
で、淡路市小倉の北淡震災記念公園内「野島断
層保存館」では、この地震で地表に露出した断
層をありのままに見ることができる。

淡路市の山間部には古くから不整形で狭小な

棚田が広がっていたが、震災は島の農業にも深刻な被害を与え、耕作を放棄する農家が相次いだ。さらに9年後の平成16（2004）年10月には台風23号が直撃し、復興半ばの農地やため池が壊滅的被害を受けた。

弥生遺跡発見が復興の弾みに
営農組織は地域起こしを推進

集落は存亡の危機に直面したが、決壊したため池の復旧工事に着手し、併せて棚田を広げる区画整理が行われた。旧来の10アールに満たない田んぼを20アールに広げる工事だった。その際、淡路市黒谷の地面の下から弥生時代後期（1800〜1900年前）の建物群や出土品が多数見つかった。平成20（2008）年の発掘調査で弥生時代後期の国内最大規模の鉄器製造群落遺跡であることが分かり、「五斗長垣内（ごっさかいと）遺跡」と名付けられ、国の史跡に指定された。

これを契機に災害からの復興に弾みがつき、土地改良区は「株式会社五斗長営農」を設立、農業による地域起こしの活動が始まった。営農組合の女性部のお母さんたちも土日限定で地域の食材を使った料理を提供する「まるごキッチン」をオープンした。

淡路島は玉ねぎの一大産地である。畑の「玉ねぎ小屋」には自然乾燥法によって濃厚な甘みを熟成するため玉ねぎが鈴なりに吊るされ、のどかな風景が島に戻った。

阪神・淡路大震災で淡路島の農地も大きな被害を受け、あちこちでブルーシートによる応急処置が行われた

ACCESS
🚗 神戸淡路鳴門自動車道北淡ICから車で15分

オススメ周辺情報

五斗長垣内遺跡

弥生時代の鉄器づくりを今に伝える

1800〜1900年前の弥生時代後期に鉄器づくりを行っていた村の跡が残る。発掘調査では23棟の竪穴建物跡が見つかり、12棟が鉄器づくりに関与していたことが確認されている。

DATA ☎0799-70-4217 営9:00〜17:00 料無料 休無休 所兵庫県淡路市黒谷1395-3 交神戸淡路鳴門自動車道北淡ICから車で10分 Ｐあり MAP P197

北淡震災記念公園 野島断層保存館

地震の凄まじさが分かる

阪神・淡路大震災で地表に現れた野島断層を当時のまま保存展示し、震災体験館では地震の揺れを体感できる。園内の物産館では淡路のグルメやみやげ品も揃う。

DATA ☎0799-82-3020 営9:00〜17:00 料730円 休12月下旬に臨時休業あり 所兵庫県淡路市小倉177 交神戸淡路鳴門自動車道北淡ICから車で10分 Ｐあり MAP P203 B-2

まるごキッチン

淡路のお母さんの味をお届け

五斗長垣内遺跡のほとりにあるカフェ。地元のお母さんたちが作るランチは、五斗長産の玉ねぎをはじめ新鮮なとれたての野菜をふんだんに使い、地元の人にも愛されている。

DATA ☎0799-70-4217 営10:00〜16:00 休月〜金曜 所兵庫県淡路市黒谷1395-3 交神戸淡路鳴門自動車道北淡ICから車で10分 Ｐあり MAP P197

新潟県長岡市

中越地震から復活した山古志 ❀

（ちゅうえつ）（やまこし）

大地震に襲われた過疎の村は
心折れず、くじけない住民に守られた

新潟県中越地震により旧山古志村は壊滅状態に陥った。その後の復旧は住民たちの執念に支えられ、美しい棚田棚池も、錦鯉養殖や牛の角突きなどの伝統文化も継承された。

壊滅した故郷の風景
地震前の生活に戻りたいが…

　新潟県長岡市の中山間地に位置する旧山古志村一帯は積雪が4メートルを超える豪雪地帯で地すべり多発地帯でもある。豪雪は豊富な融水をもたらし、傾斜地に農地を形成した。こうした地理条件を活かして人々は古くから棚田で米

を作り、棚池は「錦鯉」の養殖や渇水時のため池として利用した。養鯉業は山間部での貴重なタンパク源として食用真鯉を飼育したことにさかのぼる。その際に、突然変異で生まれた錦鯉の養殖へと変わり、従事者、養鯉池数、面積ともに全国シェア1位を誇った。錦鯉の80%以上は海外へ輸出され、養鯉業は村の基幹産業となった。

　平成16（2004）年10月23日に発生した新

潟県中越地震は、この山古志村に甚大な被害を与えた。村には当時、690世帯、2,100人余りが暮らしていたが、村につながるすべての幹線道路が寸断され、山や棚田が崩落するなど美しい景観も失われた。しかも4メートルの積雪になる冬が目前に迫り、孤立した山古志は約9割の村民が帰村を希望しながらも全村避難をせざるをえなかった。

住民の心を一つにした復旧
伝統行事は復興の象徴

復興に向けて、一部では被災者の思いをもとにしたビジョンが掲げられ、過疎化と高齢化の進む地域に配慮した農地やため池の整備も併せて行われた。被災農地の隣接農地は大区画に整地されたり、ため池は統合、整備されたりするなど作業負担が以前よりも軽減された箇所もある。その間、山を離れ、3年以上にも及ぶ避難生活を過ごした住民たちが平成19（2007）年12月に山古志に帰村した。平成25（2013）年には復興拠点の「やまこし復興交流館おらたる」がオープンし、地域の多彩な魅力が発信された。

山古志には古くから続く「牛の角突き」も受け継がれている。闘牛は地震があった年だけは中断したが、早くも翌年には復活した。「牛は棚田の貴重な働き手だった。伝統行事を絶やさないことこそが復興の象徴」との強い矜持がそこにあった。

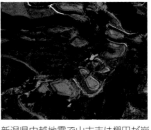

新潟県中越地震で山古志は棚田が崩落するなど大きな被害を受けた

ACCESS
🚃 JR上越線小千谷駅から車で15分
🚗 関越自動車道小千谷ICから車で30分

中越地震から復活した山古志 新潟県長岡市

オススメ周辺情報

やまこし復興交流館 おらたる

全村避難からの復興を伝える

中越地震の教訓を生かせるよう被災した住民の証言や地域に戻ってきた住民たちの声を大切にしながら伝えている。中庭のベンチから棚田や棚池などの山古志の絶景を楽しめる。

DATA ☎0258-41-1203 営9:00〜17:00（2階展示室は10:00〜16:00）料無料 休火曜（祝日の場合は翌日）所新潟県長岡市山古志竹沢甲2835 交関越自動車道小千谷ICから車で30分 Pあり MAP P199

農家レストラン 多菜田（たなだ）

愛情いっぱい郷土料理でおもてなし

山古志虫亀地区のお母さんたちが山菜や野菜、キノコなど旬の食材にこだわった郷土料理を提供している。料理には山古志の棚田でとれたコシヒカリが使われ、おかわり自由もうれしい。

DATA ☎0258-41-1144 営11:00〜14:00 休月・木曜（祝日の場合は営業）所新潟県長岡市山古志虫亀947 交関越自動車道小千谷ICから車で30分 Pあり MAP P199

あまやち会館

山古志の魅力を心行くまで味わえる

山頂にあり、全客室や大浴場から山古志ののどかな里山の景色を存分に楽しめる。食事も棚田米や山古志牛など山古志の特産品を楽しめ、山古志の棚田米で作った日本酒も人気。

DATA ☎0258-59-3620 営9:30〜16:30 料入館料500円、宿泊（1泊2食付）7,400円〜 休火曜 所新潟県長岡市山古志種苧原4526四季の里古志 交関越自動車道小千谷ICから車で45分 Pあり MAP P204 B-2

[復興整備事業後]

岩手県陸前高田市

多彩な作物でよみがえった陸前高田 <ruby>陸前高田<rt>りくぜんたかた</rt></ruby> ❋

被災地に元気と勇気を与えた
農事組合法人の取り組み

東日本大震災の大津波は農地を「ガレキの海」に変えてしまった。それでも、陸前高田の小友（おとも）は、地域農家の結束で農業が息を吹き返し、逞しくよみがえった。

半島付け根の農地を襲った
高さ50メートルの津波

　小友は東に大野湾、西に広田湾を望む広田半島の付け根に位置し、伊達藩の治下であった時代から水田の多い村で、ため池を利用した農業と漁業を主な生業としてきた。昭和59（1984）年度からのは場整備事業を契機に陸前高田市の

米どころの一つとなり、緩斜地の畑作や果樹栽培も盛んだった。
　ところが平成23（2011）年3月11日、東日本大震災により12メートルの津波に襲われた。両

地震後、小友地区は大野湾と広田湾の両方から津波が押し寄せ、辺り一面がガレキに覆われた[復興整備事業前]

200

湾から押し寄せた海水が地区の中央でぶつかってできた水柱は高さ50メートルにも達したといわれる。平坦部の水田はすべて流されたうえに家屋などのガレキが堆積し、岩手県内最大規模の110ヘクタールの水田が壊滅状態となった。「再起不能だ…」と農家は絶句した。

農事組合法人を設立
新たな営農に高まる期待

平成24（2012）年度から5カ年計画の大規模な復興基盤総合整備事業が始まり、小友工区には26億円（国77.5％、県21.5％、市1％）が投じられた。大量のガレキは撤去され、分別処理された土は整備するほ場の表土に還元され、1メートルも地盤沈下した農地には大量の盛土工事が施された。懸念された塩害は降水等で基準値以内に低減した。旧来の小区画農地は大区画化された。

営農が再開した平成26（2014）年5月、農事組合法人「サンファーム小友」が設立された。安全・安心な食料の持続的な提供と農家所得の向上による地域農業の維持、発展を目指し、既存の水利組合、稲作組合、転作組合、機械利用組合が合併してできた法人だ。農地中間管理事業制度を活用して整備区域外の農地約100ヘクタールを借り受け営農規模を拡大する目途も立った。

こうして新たな一歩を踏み出した小友では、水稲以外の作物導入や6次産業化への取り組みも始まった。近年は、陸前高田市のオリジナルブランド米「たかたのゆめ」を復興ほ場で生産するほか、地域農業再生の基幹作物として期待される大豆、飼料米、ニンニク、玉ねぎなどの栽培が始まった。

ACCESS
🚗 三陸自動車道陸前高田ICから車で15分

オススメ周辺情報

たかたのゆめ

みんなの願いが詰まった米

陸前高田市のオリジナルブランド米で、一粒一粒の味をしっかり楽しめる。さっぱりした甘味が特徴で、冷めてもおいしく、（一社）日本おにぎり協会の認定を受けている。

DATA ☎050-5578-8050 [(有)ビッグアップル] ㎐http://takatanoyume.big-apple.info/_m/

気仙大工左官伝承館
（けせんだいくさかん）

見応えのある気仙大工の職人技

日本四大名工の一つといわれる気仙大工は陸前高田市小友地区が発祥とされ、その技と心を結集した明治初期の民家が再現・展示されている。材料も気仙杉などすべて地元産。

DATA ☎0192-56-2911 営9:00～16:00 料無料 休水曜 所岩手県陸前高田市小友町茗荷1-237 交三陸自動車道通岡ICから車で9分 Pあり ㎆P201

カレーとてづくりおやつ フライパン

スパイスカレーとおやつが絶品

カレールウを使わずスパイスだけで作る特製の日替わりカレー（常時2種類）と優しいてづくりおやつ（常時3～4種類）は世代を超えてファンがいる。テイクアウトもOK。

DATA ☎0192-55-3358 営11:00～19:00（日曜は～17:00） 休金曜、第2・4月曜 所岩手県陸前高田市米崎町字樋の口63-2 交JR脇ノ沢駅から車で2分 Pあり ㎆P201

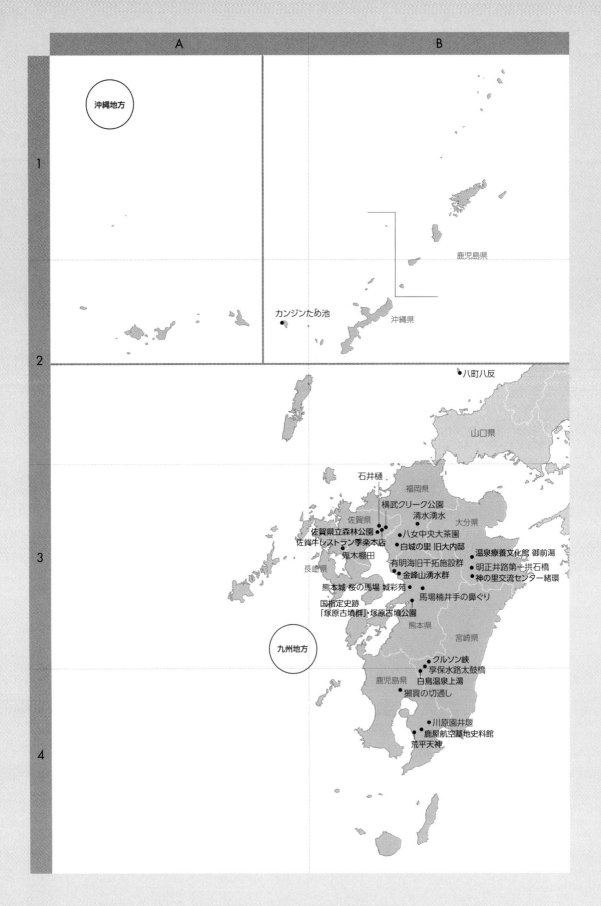

沖縄地方

1

鹿児島県

カンジンため池

沖縄県

2

八町八反

山口県

石井樋

福岡県

横武クリーク公園

清水湧水

佐賀県立森林公園

大分県

佐賀県

八女中央大茶園

佐賀牛レストラン季楽本店

白城の里 旧大内邸

温泉療養文化館 御前湯

鬼木棚田

3

明正井路第一拱石橋

長崎県

有明海旧干拓施設群

神の里交流センター緒環

金峰山湧水群

熊本城 桜の馬場 城彩苑

馬場楠井手の鼻ぐり

国指定史跡

「塚原古墳群」・塚原古墳公園

熊本県

宮崎県

九州地方

クルソン峡

享保水路太鼓橋

鹿児島県

白鳥温泉上湯

獺貫の切通し

川原園井堰

鹿屋航空基地史料館

荒平天神

4

202

A	B

1

佐渡の車田

岩首昇竜棚田

あまやち会館
山古志(震災復興)
新潟県

秋田県

山形県

宮城県

福島県

深山ダム
江戸川温泉
ため池

農家民宿
やまがた

十石堀

西野谷用水路

笹ヶ峰高原

2

鷹栖口用水
大野庄用水

富山県

石川県

中部地方

常願寺川
両岸分水工・水路橋

荒城郷まほろば文化村

高山の車田

西天竜幹線水路
円筒分水工群

梨子ケ平千枚田

福井県

岐阜県

長野県

白樺湖

間瀬堰堤

みさと芝桜まつり
榛名フルーツ街道
上野三碑

群馬県

栃木県

茨城県

長野堰用水円筒分水堰
新田湧水群
道の駅おおた
新田荘歴史資料館
権現堂川用水路樋管

高遠城址公園
分杭峠

明治村機械館
ゐのくち式渦巻きポンプ

野外民族博物館
リトルワールド

千代保
稲荷神社

堀田

京都府

滋賀県

愛知県

庄内用水
元圦樋門

有松・鳴海絞会館

松平郷

三重県

大阪府

奈良県

和歌山県

明治用水頭首工

道の駅どんぐりの里いなぶ

香嵐渓のカタクリ

吐竜の滝
八ヶ岳高原大橋
村山六ヶ村堰

山梨県

南伊奈湖

深良用水

大淵笹場

道の駅
富士川楽座

蓬莱橋

静岡県

富士サファリパーク

荻窪用水

神奈川県

きまま工房・木楽里
宮沢湖

東京都

ケルネル田圃

瀧泉寺
(目黒不動尊)

目黒川

大原幽学記念館
耕地地割

千葉県

関東地方

3

4

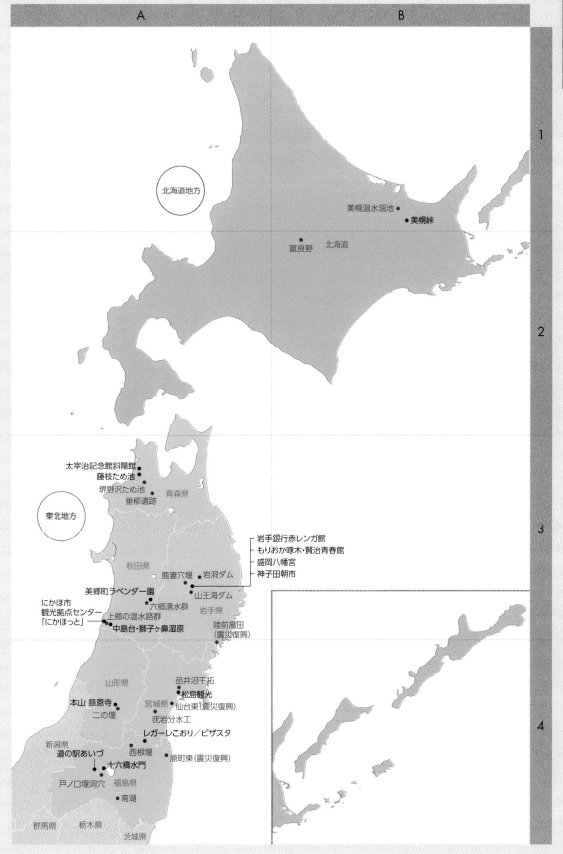

北海道地方

美幌温水溜池 ●
● 美幌峠

富良野 ●
北海道

1

2

東北地方

太宰治記念館斜陽館 ●
藤枝ため池 ●
堺野沢ため池 ●
垂柳遺跡 ●
青森県

岩手銀行赤レンガ館
もりおか啄木・賢治青春館
盛岡八幡宮
神子田朝市

秋田県
鹿妻穴堰 ●
岩洞ダム ●
美郷町ラベンダー園
山王海ダム ●
六郷湧水群 ●
岩手県
にかほ市
観光拠点センター
「にかほっと」
上郷の温水路群
中島台・獅子ヶ鼻湿原
陸前高田
（震災復興）

3

山形県
品井沼干拓
● 松島観光
本山 慈恩寺 ●
宮城県 ● 仙台東（震災復興）
二の堰
疣岩分水工
レガーレこおり／ピザスタ
新潟県
道の駅あいづ
西根堰 ●
原町東（震災復興）
十六橋水門
戸ノ口堰洞穴 ●
福島県
● 南湖

群馬県 栃木県 茨城県

4

●選定地区 ●立ち寄りスポット

索 引 地域別

東海	深良用水	静岡県裾野市	疏水・湧水	74
	大淵笹場	静岡県富士市	段畑	170
	蓬莱橋	静岡県島田市	橋・干拓	178・180
	高山の車田	岐阜県高山市	棚田・水田遺跡	140
	堀田	岐阜県海津市	棚田・水田遺跡	142
	庄内用水元圦樋門（たたき樋門群）	愛知県名古屋市	疏水・湧水	70
	明治用水頭首工	愛知県豊田市	疏水・湧水	76
	明治村機械館ゐのくち式渦巻きポンプ	愛知県犬山市	疏水・湧水	98
	南家城川口井水	三重県津市	疏水・湧水	34
	片樋のまんぼ	三重県いなべ市	疏水・湧水	44
近畿	五箇荘金堂	滋賀県東近江市	疏水・湧水	60
	権座	滋賀県近江八幡市	棚田・水田遺跡	144
	和束の茶畑	京都府相楽郡和束町	段畑	172
	久米田池	大阪府岸和田市	ため池・ダム	124
	鴨川ダム	兵庫県加東市	ため池・ダム	106
	上田池ダム堰堤	兵庫県南あわじ市	ため池・ダム	126
	遺跡とともに復興を遂げた北淡路	兵庫県淡路市	震災復興	196
	箸中大池	奈良県桜井市	ため池・ダム	128
	東大寺二月堂供田	奈良県奈良市	棚田・水田遺跡	136・152
	岩出頭首工	和歌山県岩出市	疏水・湧水	86
中国・四国	横尾棚田	鳥取県岩美郡岩美町	棚田・水田遺跡	156
	山王寺棚田	島根県雲南市	棚田・水田遺跡	158
	隠岐の牧畑	島根県隠岐郡西ノ島町	段畑	176
	湛井堰	岡山県総社市	疏水・湧水	88
	児島湾干拓施設群	岡山県玉野市・岡山市	橋・干拓	186
	三永の石門	広島県東広島市	疏水・湧水	62
	江畑溜池堰堤	山口県山口市	ため池・ダム	100・130
	八町八反	山口県萩市	棚田・水田遺跡	146
	樫原の棚田	徳島県勝浦郡上勝町	棚田・水田遺跡	160
	蛙子池	香川県小豆郡土庄町	ため池・ダム	132
	西条のうちぬき	愛媛県西条市	疏水・湧水	50
	内子田丸橋	愛媛県喜多郡内子町	橋・干拓	182
	山田堰	高知県香美市	疏水・湧水	90
九州	清水湧水	福岡県うきは市	疏水・湧水	52
	八女中央大茶園	福岡県八女市	段畑	166・174
	石井樋	佐賀県佐賀市	疏水・湧水	92
	横武クリーク公園	佐賀県神埼市	疏水・湧水	96
	鬼木棚田	長崎県東彼杵郡波佐見町	棚田・水田遺跡	162
	馬場楠井手の鼻ぐり	熊本県菊池郡菊陽町	疏水・湧水	36
	有明海旧干拓施設群	熊本県玉名市	橋・干拓	188
	明正井路第一拱石橋	大分県竹田市	疏水・湧水	64
	享保水路太鼓橋	宮崎県えびの市	疏水・湧水	66
	獺貫の切通し	鹿児島県姶良市	疏水・湧水	78
	川原園井堰	鹿児島県鹿屋市	疏水・湧水	94
沖縄	カンジンため池	沖縄県島尻郡久米島町	ため池・ダム	134

おわりに

　今、訪日外国人による信じられないような出来事が全国各地で起きています。私たちは最近まで、このような風景や行動を見たことも聞いたこともありません。

　たとえば、訪日外国人がサクランボやミカン狩りを手伝い、ネギやキャベツを収穫して農家の人と一緒に料理を作って一緒に食べる…。農家に泊まって五右衛門風呂に入る…。地域のまつりに参加し御神輿を担ぐ…。といったことなどです。

　観光とは『易経』の「国の光を観る」が出典です。しかし今は観るだけでなく、する、聞く、味わう、触れるなど人間の五感すべてを満足させる観光が求められてきています。

　わが国には独自の伝統と長い歴史があることに加え、春夏秋冬が巡り、日本列島が南北3000キロメートルに広がっていることも利点です。北海道でパウダースノーのスキーを楽しんだかと思うと、沖縄では琉球珊瑚礁の青い海でセーリングに興じることが可能です。地方の行事や祭りは稲作に関わるものが多く、アジアからの訪問客の多くは親しみを感じつつも、そこに、日本独自の文化の魅力を発見するのではないでしょうか。

　訪日外国人の1回の平均消費額は約15万円にのぼります。定住人口1人当たりの年間消費額は約125万円であり、換算すると訪日外国人8人で、外国人1人が1年間日本に定住して消費する金額と同額になります。この消費額は、参考までに日本人の国内旅行者（宿泊）25人分、国内旅行者（日帰り）80人分に相当します（観光庁資料）。これらが地方経済の活性化に大きなインパクトを与えることは間違いありません。

　だからこそ私たちは、農村に1人でも多くの方々に来ていただくことが大事だと考えます。しかも、日帰りではなく、少なくとも1泊、さらに2泊と農村に滞在している時間をいかに延ばすかにかかっています。農作業も貴重な体験ですが、次の日には棚田や疏水を眺めるハイキングに出かけてはいかがでしょう。そのためには、訪問者が選び、楽しめる多くの場面や材料を提供することが必要です。

　その成否の鍵は、農村のお宝にかかっていると言っても過言ではありません。本書を企画するに当たって、現地を見る、地域の人々に聞く、歴史書や専門書をひもとくなど数々の試みをしました。

　本文にもあるように、まず近代農業遺産の発掘です。世界農業遺産とか、日本農業遺産はよく耳にしますが、近代を冠する用語は目に触れたことも聞いたこともありません。

　維新後、明治政府は富国強兵と殖産興業に力を入れました。農業はその枢要をなす産業であり、特に米、養蚕（生糸）、お茶が主力

鬼木棚田（長崎県東彼杵郡波佐見町）

作物、産品でした。

　本書では米に焦点を当て、近代農業遺産の礎となったため池、ダム、水路や水田を取り上げています。それらは単なる農地や農業水利施設でなく、農家の血のにじむような努力の末に創造されたものです。たとえば、日本の伝統的な左官の技術「たたき」を応用して造られた樋門、表面の水温を上げる温水池やコンクリートと花崗岩でできた最古のかんがい用ダムなどです。

　本書はまた、「日本農学発祥の地」とも称される駒場農学校（東大農学部）の実験田だったケルネル田圃（東京都）や「お水取り」に備えるためのもち米を栽培する東大寺二月堂供田（奈良県）、車輪の形を描くように田植えが行われる円形の車田などの文化財的な遺産も取り上げています。

　さらに阪神・淡路、中越、東日本大震災から見事復興を遂げた兵庫、新潟、岩手、宮城、福島5県の水田も紹介しています。今一度、かつての被災地に足を運んでいただき、地域住民と語らい、当地ならではの伝統料理に舌鼓を打っていただければと思います。それは防災の重要性を学ぶ絶好の機会になると同時に、被災地を勇気づける活動にもなります。

　もう一つ、今回は新たな視点による企画を試み、有名な観光地を取り上げています。那須高原の代表的な観光地であるりんどう湖（栃木県）、北欧風テーマパークとして注目を集める宮沢湖（埼玉県）、蓼科高原の白樺林に囲まれた白樺湖（長野県）などです。世間では自然にできた湖と思われていますが、実は人工貯水池であるため池で、今も下流ではこの水を使って農業が行われています。現地を訪ねて、その事実を知って驚き農業や食に対する理解を深めていただけたらと思います。

　まだまだ地域にお宝は埋もれています。お田植え祭り、田楽や農村歌舞伎などといった祭事、芸能など多彩にあります。道の駅のショッピング、農家レストランの地元の食材を使った食事なども都会では体験できません。これらと疏水、ため池、棚田や段畑のハイキングを組み合わせれば、数え切れないほどの観光コースができあがります。農村の魅力も相乗効果で倍増します。読者の皆様も自分で好きなコースを組んで楽しまれてはいかがでしょうか。

　ネットを通じてさまざまな情報が簡単に手に入る昨今ですが、本書に込めた熱い思いと細やかな蘊蓄（うんちく）が皆様の心を動かし、農村へと誘う一助になれば幸いです。

　　　編　集　　田野井雅彦
　　　　　　　　八木　正広
　　　　　　　　杉田　　前

編　　集
一般財団法人 日本水土総合研究所 ／ 株式会社 EN・JIN

取材・執筆
細井勝事務所（江村敬司）／ 有限会社 ライターハウス（北村主税）／ 中山由貴 ／ 岡崎佐智子

デザイン
山岸浩也デザイン室

地図制作協力
アンド・デザイン（滝本陽子）

取材協力
NPO法人幸手権堂桜堤保存会 ／ 徳田文男 ／ 万年溜池水利組合 ／ 阿知須露地野菜生産組合
山口市阿知須土地改良区 ／ 学校法人東大寺学園 ／ 農事組合法人八女中央茶共同組合
島田市観光ボランティアガイドの会 ／ NPO法人初倉まほろばの会 ／ 蓬莱橋周辺整備促進協議会
農事組合法人仙台イーストカントリー ／ 仙台農業協同組合 ／ 水土里ネットひがし など

写真協力
美の国あきたネット／秋田県観光連盟／北茨城自然薯研究会／妙高ツーリズムマネジメント／三重県総合博物
館／津市観光協会／菊陽町教育委員会／三石稔／伊那市観光協会／ウシ子とウシ夫の牛歩旅(http://ushiko.
blog.jp/)／広島県／えびの市歴史民俗資料館／takashi-cafe2019／えびの市観光協会／豊田市矢作川研究所
／加治木町木田土地改良区／岩手県観光協会／寒河江市観光物産協会／桑折町振興公社／水土里ネット西根
堰／たびおか―旅岡山・吉備の国　／山田堰井筋土地改良区／佐賀新聞／鹿屋市観光協会／博物館明治村／
東条川疏水ネットワーク博物館／白河観光物産協会／那須塩原市教育委員会／五所川原市観光協会／那須りん
どう湖レイクビュー／ムーミン物語／南アルプス市観光協会／淡路島観光協会／総本山長谷寺／談山神社／小
豆島観光協会／久米島町観光協会／学校法人東大寺学園／佐渡市教育委員会／佐渡観光交流機構／高山市
教育委員会／飛騨民俗村／飛騨農業協同組合／筑波大学附属駒場中・高等学校／めぐろ観光まちづくり協会／
奈良市観光協会／奈良県ビジターズビューロー／田舎館村教育委員会／隠岐ユネスコ世界ジオパーク推進協議
会／内子町観光協会／玉名市教育委員会／五斗長垣内遺跡活用拠点施設／PIXTA／フォトライブラリー　など

一度は訪ねてみたい日本の水と土
〜先人達が築いた農の礎〜

2020年4月20日　初版第1刷発行

著　　　　者　　一般財団法人 日本水土総合研究所

発　行　所　　一般財団法人 日本水土総合研究所
　　　　　　　　〒105-0001　東京都港区虎ノ門1丁目21番17号 虎ノ門NNビル

発　売　元　　論創社
　　　　　　　　〒101-0051　東京都千代田区神田神保町2-23 北井ビル
　　　　　　　　TEL : 03-3264-5254　FAX : 03-3264-5232
　　　　　　　　URL : http://www.ronso.co.jp/

印刷・製本　　中央精版印刷

©2020 一般財団法人 日本水土総合研究所　Printed in Japan
ISBN978-4-8460-1933-4　C0026